JN059695

「困難事例」を解きほぐす

多職種・多機関の連携に向けた全方位型アセスメント

伊藤健次　土屋幸己　竹端寛

現代書館

はじめに

この本で目指したこと

　この本は、伊藤健次、土屋幸己、竹端寛の三名が、アセスメントの現状について思うところを出し合い、それらをすり合わせて記した一冊である。この本で目指したのは、「現場で奮闘する援助専門職のアセスメント力の向上」だ。援助専門職にとってアセスメントは重要である。しかし、なんとなくわかった気になっても実際何なのかといわれるとよくわからない、そういう代物でもある。アセスメントとは何かを読者の皆さんは説明できるだろうか。そして自分のその説明が十分なものと感じるだろうか。さらにいえば、そもそも何がどうなれば、十分なアセスメントができたといえるのだろうか。私たちはこの本を通じて、アセスメントの重要さはもちろん、奥深さ、面白さもお伝えしたいと思っている。

　アセスメント（assessment）は一般に、「評価」や「査定」と訳されるが、介護や福祉の領域で使われる場合は、評価や査定というニュアンスとは少し違う意味合いを含んでいるように思う。介護や福祉の現場では当たり前に使われている用語であるのに、いまだにぴったりくる訳語すらないのは、わかっているようでわからないままなんとなくおこなわれている、という面も実は強いことを示しているのではないだろうか。この本ではアセスメントとは何かを学術的に論じることはしない。相談援助の世界で多くの先達が積み上げてこられた実践や研究を踏まえつつ、現場の実感に沿った本にすることを目指した。今現場で奮闘しているあなたの明日の実践が少しでもよいもの、楽しいものになることを願う。

困難な状況を打破する全方位型アセスメント

アセスメントがおこなわれる実践現場は豊かで多様であり、日々、幾多の誠実なアセスメントがおこなわれ、援助が展開している。そうした多様性や援助専門職の誠意を前提としつつも、軽々と自在にアセスメントができるのはごく少数のエキスパートに限られる、とも感じている。多くの援助者、特に初学者はある程度の押さえるべき勘所を学び、身につけていくことが必要だと考える。筆者（伊藤）が経験した過去数百回の事例検討においても、押さえるべきことはある程度共通しており、それらが見過ごされることで支援が困難化していると感じることがあった。

一方で、次々に押し寄せる「支援困難事例」にどうにかこうにか対応しつつも、問題の中核に手が打てないために、また新たな問題が生じて対応に追われている、そんな現場の実情にもよく出合う。業務に振り回され、自らの実践を振り返ることすら難しい状況だからこそ、専門性に沿った客観的な視点が必要になる。それは適切な援助をするうえで不可欠だが、その一方で本人の主観的な側面が置き去りになってしまい、援助者自身が困難を生み出してしまうこともある。

本書で提示したいのは、わかるようでわからない従来的なアセスメントではなく「全方位型アセスメント」である。本人の主観的な視点から臨床像を描きそのうえに専門職としての客観的な視点で問題の構造を描く、さらに本人の主観と専門職の客観をすり合わせ、合意されたニーズを描く「全方位型」のアセスメントは、上記の状況を打破する糸口になると考える。

読者も、本書を通じて全方位型アセスメントのやり方を学ぶだけでなく、使える武器として、現場でぜひ実践・展開してほしいと思う。

全方位型支援の土台としての全方位型アセスメント

　本書を執筆するにあたり、筆者三名でさまざまな議論をした。その中心的話題となったのが、現状の支援が専門職と呼ばれる人たちによる、客観的問題（規範的ニーズ、以下、客観的問題と規範的ニーズは同義とする）への対応に偏り、当事者の主観的ニーズがないがしろにされているのではないかという問題意識であった。そうした偏りに対してもっと広く、当事者の主観的ニーズや取り巻く環境からくる問題も踏まえた支援、すなわち全方位型支援を打ち出し、広めていかねばならないと考えた。

　さらに、身体機能や疾病の状況などの客観的指標が中心となっているアセスメントの偏りが、全方位型支援をおこなう際の障壁となっているのではないか、との認識も共通していた。アセスメントが偏っていれば対象者が置かれている状況が見えず、直面している問題も認識すらできずに放置してしまう。反対にそこに問題があることが見いだせれば、多くの誠実な援助者はその解決に向けて力を発揮できる。誰にとっての、何が問題であるのかを見いだす全方位的なアセスメントこそ全方位型支援の土台であり、まだ発見されていない問題を見つけ出すには、アセスメントの射程距離と方位を広げることが必要だと考えた。

　以上を踏まえて、全方位型支援の土台となるアセスメントを全方位型アセスメントと名づけ、相談支援をおこなう人が最低限押さえておくべき土台的な実践的技術としての全方位型アセスメントを紹介・解説すること、そして理解し使いこなせるようにすることを本書のコンセプトとした。使いこなしやすくするために、事例の視覚化や進行方法等を標準化したツールを作り、ファシリテーションやグラフィックス等特別な技術を駆使しなくても、事例検討を通して全方位型アセスメントと全方位型支援の根幹に触れられるように工夫した。

全方位型アセスメントの特徴　従来のアセスメントとの差異

　全方位型アセスメントと従来のアセスメントの最も大きな差異は、対象者理解の広さ・深さと、問題の構造的理解に基づいて主観的ニーズを把握することへの強い意識である。従来型のアセスメントは、ＡＤＬや検査データといった客観的データを元に、専門職がその客観的視点から把握した問題をその人のニーズとして援助の柱に据えてきた。しかし、専門職の描くニーズは専門職的知見や一般論として正しかったとしても、全ての人に当てはまるとは限らない。人は個別的存在であり、一般化した人生を生きるわけではない。どんな生き方、死に方をよしとするかは、究極的には本人にしか決められない。

　現状の支援においては、一般的ではないニーズを本人や家族が持っている場合、わがまま、自分勝手、というレッテルを貼られがちである。しかし、ある人にとっては個別的な価値観や信条こそが重要な場合もあり、それらが否定され無視された場合には信頼関係の構築には至らない。本人の主観的ニーズと専門職が描いた客観的問題がずれているとき、専門職が描いた問題の解決が押しつけられて支援がおこなわれる場合が多く、本人は援助を受けるだけの受け身な存在となり、主体性が削られていく。

　全方位型アセスメントは、本人や家族の主観的ニーズと、専門職が見いだした客観的問題をすり合わせ、「当事者と専門職が合意したその人のニーズ」を描き出していくため、当事者から見れば、自分にとっての大事なことを理解した援助者が支援してくれるという形をとることができる。それによって、本人の主体性が尊重され、持てる力を発揮できる環境が整えられていく。

　エース支援者や魔法使いと呼ばれるような熟達者がいる職場や地域では、その人が関わるとなぜだか解決するという現象が生じることがある。このときの職場のエースたちは、おそらく無意識下で主観的ニーズを組み込ん

だ思考を作動させ、支援や態度、そして言葉かけに反映させている。その
うえでキャッチした主観的ニーズと、自らの専門性から把握した客観的問
題とをすり合わせて、解決すべき課題を導き出している。だからこそ本人
に支援が届き、解決に向けて本人の力が発揮され、結果として上手くいく。
このプロセスは言語化されることはなく、したがって援助チーム内で共有
されることもない。その結果、「あの人だからできる」「あの人にしかでき
ない」と属人的に提供される名人芸と見なされる。全方位型アセスメント
はそうした無意識に発動する名人芸を意識化し、深い対象者理解を経て当
事者の主観的ニーズを描いていくプロセスを取り入れ、誰にでも一定の水
準でおこなえるようにする方法論である。

全方位型アセスメントの有効性

　何事もある程度パターン化できる状況においては、その対応も類型化し
て手順化することが可能である。例えば治療方法が確立している疾病であ
れば、診断がつけば後は手順に沿った治療をおこなうことで治癒が期待
できる。しかし、生老病死、さまざまな困難が生じる人生の支援（生き方
支援）においては、困難が生じる過程も多種多様であり、なおかつ何をも
って解決したと見なすかも、それぞれ異なる。そういった多様で個別的・
個性的な人生の問題を一般論で対応しようとすると、援助者と当事者の間
で歪みが生じやすくなる。多くの場合そうした歪みが対人援助の現場にお
ける「支援困難事例」、いわゆる「問題事例」の根底には横たわっている。
多様で個別的・個性的なその人にとっての問題に援助者が気づかないこと、
それが解決困難事例の本質である。言い換えると、その人にとって何が問
題で、その問題が解決したイメージを当事者と共有できれば、解決への道
筋が開かれるということである。
　入浴ができない、一人で排泄ができない等の欠落した生活行為への対応

は、問題解決のイメージが明確であり、パターン化しいくつかの選択肢を当てはめて解決することが可能である。しかし、そうした生活支援を拒否するなどの個別性を持った問題状況には、パターン化した対応がかえって火に油を注ぐ結果になることも多い。そういう状況では当事者は「必要な援助を拒否する人」というレッテルを貼られ、「問題事例の張本人」として扱われる。このような状況でこそ、深い対象者理解と、問題の構造的理解に基づいて主観的ニーズを把握する全方位型アセスメントが有効である。

　一般化できない状況、本人や家族などさまざまな人生が絡み合ってしまった状況、当事者の個性（こだわり）が強い状況には多くの援助者が困惑し、疲弊し、お手上げ状態になっている。しかし、当事者にとっての問題とその解決したイメージが共有できれば、お手上げになることは少ない。全方位型アセスメントは行き詰まってしまった支援の打開や、そもそも支援を行き詰まらせないようにすることに有効である。

アセスメントについて「知る」パート	全方位型アセスメント 全方位型支援を「わかる」パート	わかるをできるにするための「使う・生かす」パート
1章 アセスメントと生き方支援	**3章** 全方位型支援・全方位型アセスメントとは何か	**5章** 全方位型アセスメントの実施に有用なツール
2章 そもそもアセスメントとは何か	**4章** 全方位型アセスメントを用いた4つの領域で捉える全方位型支援の実際	**6章** 事例検討に活かす全方位型アセスメント

この本の見取り図

本書の構成

　本書では読者が全方位型アセスメントを理解し、援助実践で使いこなせるようになることを目指すべく、図のように全体を大きく三つのパートに分けた。1章と2章はアセスメントについて「知る」パートである。3章と4章は全方位型アセスメント・全方位型支援の具体的なイメージを持ち、「わかる」ためのパートである。5章と6章は全方位型アセスメントに習熟するトレーニングの場として、また全方位型支援を多職種で検討していくのに有用な、全方位型アセスメントに基づく事例検討の進め方とアセスメントに活用できるスキルを紹介する、「わかる」を「できる」にするための「使う・活かす」パートである。興味に応じて読み進めてほしい。

　各章の概要は、以下の通りである。

　1章では、アセスメントの現状について提起する。さらに生き方支援の現状とその現状に影響しているアセスメントの課題について述べる。

　2章では、アセスメントとは何かを機能と達成課題の面からひもとき、その重要性を提示する。さらに、私たちが蓄積してきたアセスメントの勘所についても言及する。

　3章では、本書の中心的な概念である全方位型支援とその前提となる全方位型アセスメントについて説明する。全方位型支援とは何か、全方位型アセスメントはなぜ必要なのか、どんな特徴があるのか、利点や効果などを解説する。さらに、全方位型アセスメントが活きるさまざまな援助場面についても例示する。

　4章では、3章の内容を受けて、より具体的に全方位型支援やその前提となる全方位型アセスメントの方法論を述べる。全方位型アセスメントをどのように進めていくのか、それを元に全方位型支援をどう組み立てていくのかを具体例を用いて示す、本書の中心的部分である。

5章では、アセスメントの3つの機能である情報収集・分析・統合に役立つツールについて説明していく。ツールを使いこなすことで、全方位型アセスメントをより深めることにつながるだろう。

　6章では全方位型支援の枠組みを用いておこなう事例検討の実施方法について詳しく説明する。事例検討のプロセスに沿って、事例検討での全方位型アセスメントの活用をイメージしやすいように提示していく。地域ケア会議の開催やよりよい支援のための事例検討のヒントとなることと思う。

　本書は、三名の著者が以下のように原案を執筆分担し、最終的に伊藤が全体を取りまとめ、加筆修正をおこなった。

　伊藤：はじめに、2章、3章、4章1節、5章1節、6章2節
　土屋：はじめに、4章2節、5章2～4節、6章1節・3節、おわりに
　竹端：1章、おわりに

　なお、本書において介護支援専門員、ソーシャルワーカー、ケースワーカー、自立支援相談員、地域包括支援センター職員など、対人援助に携わる方々を総称して「援助者」と表記することとする。

　本書が目指すものを車の運転で例えると、路上で事故を起こさず目的地に到達できる、誰もが習得すべき大事な安全運転の技術を、着実に身につけていく教則本にしようというものである。その後の状況や環境に応じた上級運転技術は各自の研鑽により身につけ、やがてはＡ級ライセンスを取得しＦ１レーサーになっていただければと考えている。

　近い将来、市町村での総合相談支援体制が実施されるようになると、全方位型アセスメントが実施できる者が少なくとも各市町村に一人以上必要となる。つまり全国で最低でも1700人以上必要となるということだ。そのためには一握りのカリスマに頼っていてはとても対応できない。多くの対人援助従事者が全方位型アセスメントの技術を取得し実践していただければと思っている。

「困難事例」を解きほぐす　目次

1章　アセスメントと生き方支援

本章で解説する内容は以下の通りです。

- ・私たちが捉えているアセスメントの現状
- ・生き方支援が行き詰まっている現状と、それに影響するアセスメントの不十分さ
- ・支援を変え、よりよい結果を導くための全方位型アセスメント

1節　アセスメントの現状

アセスメントは不用？

　ＡＩやビッグデータの時代になり、介護保険の分野でも、ビッグデータの活用が叫ばれている。政府や厚労省も、要介護認定やレセプトなどの膨大な情報に基づき、「データベースの分析によって、『科学的に裏付けられた介護』の普及が可能になる」と主張している。彼らの想定を未来予想図的にいえば、こんなふうになるかもしれない。認定調査員が本人や家族への聞き取りを元に基本項目と特記事項をタブレットに打ち込むと、ビッグ

（1）https://www.kantei.go.jp/jp/singi/keizaisaisei/miraitoshikaigi/suishinkaigo_
　　iryokaigo_dai4/sankou2.pdf（厚生労働省　第2回未来投資会議「医療・介護分
　　野におけるＩＣＴ活用」）

データに基づいて要介護度だけでなく、ＩＡＤＬや状態像のデータから類推できるアセスメントが完成する。そして最も効果的だと思われるサービスプラン案がタブレット上に表示される。そのプランを本人に示しながら特記事項や聞き取り内容で微修正をおこない、再度タブレットに打ち込むと、それがその人の要介護度の上限金額の範囲内であれば、給付がその場で認められる……。

こうなれば、アセスメントの方法論を説く本書は不用になる……はずである。だが私たちは、それがあるべき姿だとは考えない。データベースによる分析は大切である。それに基づく標準化も部分的には可能かもしれない。しかし、その人らしい暮らしのあり方を理解し、個別的な支援をするためには、ビッグデータ頼みでは限界がある。あくまでも、スキルある専門職による質の高いアセスメントが必須であり、そのアセスメントに基づいてどのように課題を解決していくかをチームで考えていくことが、「その人らしい暮らし」の実現や継続には必要なのである。本書の前提は、ここからスタートする。アセスメントは必要不可欠だ、と。

国の言う「科学的介護」とは

では国がいう、「科学的に裏付けられた介護」とは、いったい何だろうか。これは逆から考えると、国は現状の介護を「科学的に裏付けられていない」と見なしているのではないかという疑問も浮かぶ。

先の国の資料によると、「介護のケア内容のデータがなく科学的分析がなされていない」という。これをかみ砕いていえば、「どのような状態像の人にどのような介護を提供することで、どういう結果を導き出したか」という「ケア過程を示したデータ」が集積されておらず、それが「科学的分析」もされていないということであろう。ここからは、現状のアセスメントは科学的に裏付けられたものではないという主張をも読み取ることが

できる。では、現状のケアマネージャー（以下ケアマネ）や相談支援専門員のアセスメントは、非科学的で何の根拠もないものだろうか。私たちには、そうは思えない。そうではなく、ここでは何をもって「科学的」とするかという価値観の違いがあるように思われる。それは、標準化と個別化の違いである。そもそも、要介護認定や障害程度区分というのは、介護の標準化を目指した認定基準である。そのことは、この認定基準を作った張本人である筒井孝子氏が、まさにこの認定区分を作っていた四半世紀近く前に書いた論文のなかで、はっきりと示している。少し難しい内容かもしれないが、重要なポイントなので、引用してみたい。

> 高齢者の介護保障のシステムを構築するためには、個々の高齢者の介護の要・不要と、必要な介護の量の推定が可能な状態になる必要がある。この推定値がないと、組織や機関あるいは地域レベルでのサービス単位で確保すべき資源の推定や、正確な総介護費用を予測することはできないと考えられる。[2]

標準的なモデルとしての要介護認定

ここで大切なのは、要介護認定で出されたモデルは、あくまでも「個々の高齢者の介護の要・不要と、必要な介護の量の推定が可能な状態になる必要」があったから、作られたモデルであるということだ。つまり、「推定値」を導き出すためのモデルである。そして介護保険が始まってから20年間で、膨大なデータ量の蓄積と共にその「推定値」の精度が高まってきた、とはいえる。これが「データベースの分析」の前提になる。だがその

(2) https://www.ihep.jp/wp-content/uploads/current/research/9/58/Vol.3_1996_09.
pdf（「高齢者の要介護および要介護度推定方法に関する研究」『医療経済研究
Vol.3』1996 年）

「推定値」には、根本的な限界が含まれている。筒井氏の同じ論文からもう一か所、引用する。

> 高齢者の状態を把握するための調査項目は、身体機能の障害の程度や日常生活動作などの自立度や、要介助の程度を半定量的に解析可能なもの、順位変数として分析可能なものでなくてはならない。さらに、高齢者の状態が変化した場合に、その変化が軽微なものであっても、鋭敏に検出できる項目でなければならない。

　この部分をわかりやすく読み解いてみよう。要介護認定の「調査項目」は「半定量的に解析可能」であり、「順位変数として分析可能なものでなくてはならない」とはどういうことか。定量的というのは、数値データとしてという理解でよい。つかまり立ちできるかどうか、排便を一人でできるかどうかは「1.介助されていない　2.見守り等　3.一部介助　4.全介助」という選択形式に変換され、数値データとして処理できる「半定量的に解析可能」なものである。それによって、要支援1や要介護1などの「順位」をつけることも可能になる。また、「高齢者の状態が変化した場合に、その変化が軽微なものであっても、鋭敏に検出できる項目」にすることで、「確保すべき資源の推定や、正確な総介護費用を予測すること」を可能にする意図が含まれている。
　つまり要介護認定やそれを応用した障害程度区分とは、創設時からあくまでも「要介護の程度を半定量的に解析可能・分析可能なもの」を目指していた、極めて統計学的な手法に基づく評価の枠組みである。統計とは、一人のデータでは成り立たない。できる限り多くのデータを集めて、標準的なモデルを作り、その精度を高めることが目的とされている。そして、その結果として、データが一人ひとりのニーズに合っていればなおよい、という発想である。繰り返しいうがあくまでも、「このようなＩＡＤＬ・

精神状態ならば、標準的に必要とされる介護サービスの内容はこのようなものである」という基準を示すことが、厚労省や国のいう「科学的に裏付けられた介護」なのである。

　だが、ここには漏れ落ちていることがある。それが、個別性である。

個別性が重要な理由

　個別性の重要さを説明するために、一つの例を挙げてみよう。

　独居で在宅生活を送る要介護度3の男性を思い浮かべてみてほしい。彼は、訪問看護や訪問介護、デイサービスを利用しているのだが、以前は意欲喪失をし、朝から酒を飲んで失禁を繰り返し、昼夜逆転などの現象も生じていた。だが、この1か月で血色がよくなり、身なりへの関心も高まり、会話の受け答えもしっかりしてきた。昼の飲酒も控えている。その理由を色々探っていくと、各種サービス利用の結果もあるかもしれないが、デイサービスで出会う女性に淡い恋心を抱き、彼女にまともな男性として見られたいという一心で元気さを取り戻したようだ。彼はデイに出かける日には、おしゃれをして、何年かぶりに香水をつけるようになった……。

　これは「生きる意味や希望を持つことでの要介護状態の改善（悪化の予防）」といえる内容でもある。だがそれは、同じ要介護度や状態像の人なら、あるいは同じデイサービスに通ったら等しく該当するという類いの内容ではない。本人のこれまでの生活歴や家族関係、性格や現在どのような社会関係を継続できているか（できなくなっているか）などが複雑に絡んだゆえの結果である。このような結果は、標準化や規格化することはできないし、その意味もない。一人ひとりの個別性に根ざした変容プロセスである。

　しかし、要介護認定に代表される国の指標では、このような個別性はそもそも測定の範囲外とされる。「高齢者の状態を把握するための調査項目は、身体機能の障害の程度や日常生活動作などの自立度や、要介助の程度

を半定量的に解析可能なもの、順位変数として分析可能なものでなくてはならない」という先の筒井氏の表現から見えるのは、「解析可能」「分析可能」なものを「高齢者の状態を把握するための調査項目」として用いるという前提である。

　このような「調査項目」では、先ほどの男性がなぜ意欲喪失や失禁をしているのかという状態像の背景についての検討はしないし、それは統計的調査の目的の枠外である。だが、支援者が本人と信頼関係を作るなかでは必要な情報である。じっくり本人の生活状況を探るなかで得た、妻をなくし、生きる意欲を失うなかで、自暴自棄になって朝から酒を飲み、失禁やゴミ屋敷状態になり、昼夜逆転生活のなかで、要介護状態が一気に悪化したという見立ては、支援者が本人を理解し、援助するために重要な要素となる。これらは数値化のうえで「解析可能」「分析可能」なデータではないが、「身体機能の障害の程度や日常生活動作などの自立度」は、こういった標準化不能な個別性によって大きく変容するのである。しかも目の前の対象者が求めているのは標準量ではなく、その人の個別性を理解したうえでの支援である。

ケアマネジメントと生き方支援の違い

　アセスメントの現状について考えるにあたって、なぜ要介護認定の問題を長々と考えてきたのか。それは、要介護認定に代表されるケアマネジメントの発想に基づくアセスメントの限界を示し、ソーシャルワークの視点に基づく全方位型アセスメントを提唱したいからである。そのために、隣接領域である医療とケアマネジメント、そして生き方支援の３つの違いを検討しておく。この３つの目的、標準化の適否、方法論、アプローチなどを対比させたのが表1-1である。

表 1-1　医療、ケアマネジメント、生き方支援の対比

	医療	ケアマネジメント	生き方支援
目的	疾患部位を治療する	ケアサービスを効率的・効果的にマネジメントする	その人らしい暮らしのあり方を理解し支える
標準化	クリニカルパス	ＡＩによる標準化がある程度までは可能	標準化不能（本人の well-being の追求）
誰が中心？	専門家主導とインフォームドコンセント	専門職と本人の協働	本人中心（愚行権も含めた個々人の権利を護る）
方法論	治療における標準的な治療方針	介護保険のビッグデータに基づいた標準的ケアプラン	信頼関係構築に基づく、生活史も踏まえた、全方位的なアセスメント
アプローチ	医学的に機能不全な部位を見つけ、そこにアプローチ	残存能力の活用をしつつ生活上の不自由にアプローチ	個と環境の調整、情報収集のなかでの仮説の構築と検証
実践	疾患を治療する	ＡＤＬの自立（機能的な自律）を目指す→標準化・規格化可能な実践	主体性を維持し続ける（自律支援、意思決定・意思表明支援）
結果	退院・病気の消失を目指す	できること・可能なことが増える・維持できる	自己決定に基づき、自分らしく暮らし続けられる

　病院や裁判所という場所は、標準化や規格化がしやすい場所である。裁判所では、判例という標準化の積み重ねがある。一方、最近の病院では、入院時に入院診療計画書を渡されることもある。ある大学病院ではこんなふうに説明している。

　　クリニカルパス（クリティカルパス）とは、治療や検査の標準的な経過

を説明するため、入院中の予定をスケジュール表のようにまとめた入院診療計画書です。（中略）従来の医師によってばらつきがあった医療の内容を標準化し、医師、看護師をはじめ、医療にかかわるスタッフ全員が患者さんの治療計画を共有化することにより、チーム医療に役立て、医療の安全や医療の質の向上を目的としたものです。[3]

　これは「治療や検査の標準的経過」を示したものである。疾患を治療するために設計された、日常生活から切り離された特殊な場（病院）においては、工場と同じように一定の標準化や規格化が可能となる。「疾患を治療し退院する」という目的を共有しながら、治療の方法論についても医師や看護師などがチームとして共有することで、質を底上げしようということである。

標準化による望ましさの押しつけ

　実は、このクリニカルパスの思想は、ケアマネジメントのそれと通底する。上記引用になぞらえるならば、「ケアの標準的な経過」を示し、「ケアマネによってばらつきがあったケアプランの内容を標準化し、ケアマネ、ヘルパー、訪問看護師をはじめ、ケアに関わるスタッフ全員が利用者のケア計画を共有化することにより、チームケアに役立て」ようとするのが、ケアマネジメントの発想である。だからこそ、ビッグデータを活用したケアの標準化も検討される。

　しかし、クリニカルパスやケアマネジメントで見過ごされるのが、先にも述べた個別性である。病院にいる間は、治療という目的のために医療機関が生活をコントロールできるので、アルコールも禁止され、栄養バラン

(3) https://www.hosp.hyo-med.ac.jp/activity/clinical_pathway/（兵庫医科大学病院HP「クリニカルパス」）

スも考えた食事が三食きっちりと提供される。消灯時間を定めることで昼夜逆転も防ぐことができる。つまり、治療のために好ましくない生活習慣を徹底して排除した暮らしを送ることができる。だが、地域で暮らしていると、生活の管理は当然ながら利用者本人が取り戻す。朝から酒を飲むことも、失禁を繰り返すことも、昼夜逆転の生活を送ることも、全部可能である。そもそも「入院診療計画書」においては「望ましい治療生活」が規定され、患者も病気の治療のためなら、とその規定に同意する。だが、「望ましい地域生活」なるものを、誰も押しつけることはできない。それにもかかわらず、病院と同じような標準化・規格化された発想で、「望ましいケアプラン」を作り、利用者に押しつけている可能性はないだろうか。「困難事例」とラベルを貼られたケースのなかには、そのような専門職からの「望ましさ」の押しつけに反発した行動を取った（愚かな行為を繰り返した）人を、「困難」だと専門職が色づけしている事例はないだろうか。

標準化・規格化の対極に生まれるもの

　なぜこういうことが生じるのか。それは、ケアマネジメントに関わる支援者が、内なる標準化・規格化の呪縛に無自覚であるからだ。ある程度経験を積んだケアマネなら、「要介護3で、独居で、こういう状態なら、ヘルパーと訪問看護を入れて、週1回デイサービスで」と、頭のなかで簡単にモデル化できる。だが、真に力量あるケアマネや相談支援専門員なら、この標準的プランを押しつける前に、「その人らしい暮らしのあり方を理解すること」に注力している。信頼関係を作りながら、その人の生活史や性格、人生観などを探るなかで、さまざまな仮説を作っては、「いや、違うな」と検証を繰り返していく。そのなかで、本人の想いや願いを引き出し、それを実現するための意思決定支援をもおこなっていく。酒はダメだと一律に否定せず、家族や時には成年後見人とも相談しながら、年金など

金銭的な側面も意識しつつ、本人も満足し支援もギリギリ引き受けられる
のは、毎日缶ビール1本と焼酎1杯までだよね、と本人の納得を導き出す。
また、本人の性格や気持ちに応じた居場所を見つけることで、先の事例
のように、「生きる意味や希望を持つことでの要介護状態の改善（悪化の予
防）」が生まれるかもしれない。

　これは、標準化の発想とは対極の、一人ひとりの生活の質（QOL）を理
解し、その追求を目指す支援をするなかで生まれてくるものである。本書
で提案するのは、このような全方位的なアセスメントをすることで、生き
方支援の質をよりよいものに高め、専門職と本人や家族が、共通の理解に
基づいたケア関係を結んでいけるということである。

　そして、これはケアマネジメントとソーシャルワークをめぐる、根本的
な認識の違いでもある。

2節　生き方支援と全方位型アセスメント

ケアマネジメントと生き方支援

　マネジメントとは、そもそも経営学の言葉である。この言葉が行政に導
入されたのは、1980年代後半から90年代にかけてのこと。官僚制の弊害が
叫ばれると共に、民間企業のマネジメントの発想を行政にも応用すること
で、効率的・効果的で、費用対効果もよい仕事ができるという発想から生
まれた。ケアマネジメントも、「組織や機関あるいは地域レベルでのサー
ビス単位で確保すべき資源の推定や、正確な総介護費用を予測すること」、
つまりは行政コストの効率的・効果的な運用のためというのが、前提であ
る。一人ひとりのよりよい支援というのは、あくまでも副次的なレベルに

とどまっている。

　一方、本書で目指す全方位型アセスメントとは、ソーシャルワークに基づいたケースワークをおこなうためのアセスメントである。ケアマネジメントのような標準化・規格化を目指すものではなく、あくまでも本人との信頼関係の構築のなかから、相談支援をじっくり丁寧におこなうなかで、これまで言えていなかった本音や想い、願いを引き出していく。そこからケースワークは始まる。そのなかで、家族関係の調整や家族支援が必要になったり、本人のニーズに合わせてさまざまな当事者会につなげたり、あるいは地域でのサロン活動を支援したり、そのような活動を生み出す支援をするグループワークが展開していくかもしれない。さらにいえば、その地域で同じようなニーズを抱えた人がたくさんいるなら、生活支援体制整備事業などを活用した地域活動支援や協議体作りなどのコミュニティワークに展開するかもしれない。

　現在のケアマネジメントがあくまでも支援を必要とする個人の課題に関する効率的管理へ傾きがちなのに対し、ソーシャルワークは本人の想いや願いを実現する「生き方支援」のプロセスであり、それを通じた組織的支援、地域支援へと展開の可能性も含んだものである。実際、全方位型アセスメントのなかでは、必要とされる地域資源の少なさが炙り出されると、そこからどのような組織化支援が必要かという問いも見えてくる。このようなケース・グループ・コミュニティにおける、本人中心の支援ネットワーク形成こそ、ソーシャルワークの根源的に重要な部分であり、かつケアマネジメントのような標準化されたものには内包されていない魅力でもある。

　そんなクリエイティブで面白い仕事、それがソーシャルワークに基づいた生き方支援であり、それを実現するための鍵が、全方位型アセスメントのなかにある。そして、この全方位型アセスメントが最も威力を発揮するのが、いわゆる「困難事例」においてである。

困難事例こそ生き方支援

「困難事例」とラベルが貼られる人とは、どういう人であろうか。現場の支援者の話を聞いていると、下記のような対象者（世帯）のことが想定されているようである。

- 地域で暮らせてはいる（生活行為はできている）けれど、「課題」がある人（楽しめるものがないから、デイには行きたくない。ヘルパーなども必要ない、と自らの考えを主張する人）
- 生活課題はないけれど引きこもっている人
- しょっちゅうサービス事業者にクレームをつけ、事業者やケアマネを変更するなどして、支援チームを混乱させる人
- 家族や支援者が勧める内容を受け入れてくれない人
- 要介護ではない高齢者
- 生活保護ではない生活困窮者
- 手帳保持者ではない障害者
- 同居家族のなかに、複数の困難を抱えている世帯（例：認知症の妻とアルコール依存の夫、精神疾患の妻と発達障害の息子など）

まず前提として考えたいのは、誰にとっての、どのような「困難」であるか、ということだ。少なからぬケースで、対象者とされる本人は支援者が解決しようとしている事例を「困難」に感じていない（実際にどうかはわからないが、「困っていない」と支援者には発言する）。だが、家族や周囲の人々、支援者が関わりに「困難」を感じているからこそ、「困難事例」とラベルが貼られる場合が多い。

こういう事例に対して、「支援者の勧めることに対して、その気になる

のを待つ」という発言を聞くこともあるが、それだけでは単なる根比べであり、必要な支援ではない。「困難事例」においても、最も重要なのは支援者が本人の生き方・生きづらさに気づき、それを支援することである。これは、自己決定に関しても同じことがいえる。本人が「そう言わされる状況に持っていくこと」を指して、自己決定とは決していえない。援助者側の都合に基づく自己決定では、実質的には「他者決定」の強要である。本来の自己決定とは、本人の前に選べるだけの選択肢が示されるべきものであり、それほどの社会資源がないなら、どう作れるかを問うべきものである。

　目の前のサービスや支給決定量のなかでどうにかするのがケアマネジメントだとするならば、制度内サービスだけではなく、制度外の課題にも、ソーシャルアクションや自立支援協議会、生活支援体制整備事業などの仕組みを通じて柔軟に取り組むのが、ソーシャルワークの肝である。そして、その際に必要不可欠になるのが、全方位的なアセスメントを活用した生き方支援である。

具体例にみる困難事例への全方位型アセスメント

　困難事例のことをもう少し、具体的な例で考えてみよう。例えば、あなたがケアマネとして、いわゆる「8050問題」に遭遇したとしよう。認知症の疑いがある高齢者女性のお宅を訪問したところ、50代の無職の息子と同居しているようだ。色々話を伺っていると、どうも20年以上、定職に就けず、ずっと引きこもりだったようである。発達障害か精神疾患も併発している可能性もありそうだ。

　さて、あなたはどうするだろうか？　「私はケアマネなので、高齢者ではない引きこもりのことはわかりません」と無視・放置してよいだろうか？　今の段階で放置しておくと、親の認知機能が落ちたときに、男性が

主介護者の役割を果たせない、男性の症状や状態が悪化したとき親の認知症の悪化と相互作用して悪循環に陥るといった過程をたどり、「超・支援困難事例」になる可能性があるケース、とは考えられないだろうか。

　こういう場合、問題が「大事」になってから関与する「事後救済型」ではなく、それ以前に関わる「事前予防型」に変えるためにこそ、本書が提唱する「全方位型アセスメント」が役に立つ。ケアマネ一人で全てを解決せよ、と言いたいのではない。そうではなくて、50代無職で引きこもりの息子を単なる主介護者としてのみ捉えるのではなく、彼の支援ニーズも探り、認知症の親と引きこもりの息子、という「複合的課題を抱えた家族」として、全方位から捉え直す必要があるということである。家族システム全体のなかでの「息子」「母親」の位置づけと、ケアマネジメントにおける「主介護者」「要介護者」という位置づけには、大きなずれがある。真に支える必要がある人は、母親だけなのだろうか。息子は、単に主介護者なのだろうか。それを含めてアセスメントするのが、本書の肝である。

　ケアプランや計画相談では、マネジメントすべき対象は高齢者のＡＤＬのみに傾きがちであるが、本当にそれでよいのだろうか。認知症高齢者と引きこもりの息子、お互いの生き方とよりよい相互関係の維持・構築も含めて、サポートすべき対象と捉える必要があるのではないだろうか。認知症の母親の要介護状態が「主訴」として表面化しているが、実は「本人の環境」である「引きこもりの息子」の生活課題の方が「根本的な問題」である場合もある。認知症の母親が不安定なのも、「息子が必要としている支援がないし、それを一緒に考えてくれる人がいない」という背景があるとすれば、家族全体の安定のためにも、世帯全体の生き方を支える必要性が生まれてくる。

　だからこそ、あなたが高齢要介護者を対象とするケアマネであったとしても、本人（認知症の母親）と環境（引きこもりの息子）の問題を仕分けするなかで、環境側である息子の支援を、例えば相談支援専門員や保健師、生

活困窮者支援担当者と手分けしながら連携・開拓していくことが、認知症の母親本人の生き方支援にもつながるのである。これこそが全方位型アセスメントの「全方位」の意味である。

3節　支援を変えるための全方位型アセスメント

情報収集偏重型アセスメントの弊害

アセスメントとは何か。福祉の分野では「利用者に関する情報を収集・分析し、自立した日常生活を営むために解決すべき課題を把握すること」といわれている。この文言をそのまま理解すれば、情報の把握ができればよいということになる。実際の現場で見かけるアセスメントシートも、情報収集に使用されている場合が多い。

しかし、情報収集だけではアセスメントとはいえない。収集された情報を分析・統合し本人や本人を取り巻く環境の何が問題であるかを把握し、解決のための課題と具体的方法を導き出すことがアセスメントの本質である。

しかし従来のアセスメント研修では、ＡＤＬや医療情報等客観的な情報収集や分析が中心となっていて、本人が生きてきた人生や価値観等の主観的な情報も含めた臨床像の統合が十分におこなわれてこなかった。このことは支援に大きな制約を生じさせ、支援者サイドが独りよがりな支援計画を組む原因になってしまっている場合が多い。これは単に支援が上手くいかないだけにとどまらず、時として本人の自立を阻害し、尊厳を傷つける弊害となっている。

アセスメントが変われば支援が変わる

　認知症高齢者の支援を例にとれば、認知症の人は脳機能の障害により記憶や見当識の障害があり、安定した生活を送ることができない状態になっている。例えばトイレの場所がわからず、着脱にも時間がかかるために失禁をしてしまう人の支援計画に「失禁をなくす」というプランを立てた場合、本人にとっては失禁したくてしているわけではなくトイレの場所がわからない、衣服の着脱が上手くできていないというのが原因であるため、そこがしっかり課題点として認識されていれば「失禁をなくすためにトイレの位置がわかるような表示をする」「着脱が簡単なズボンを用意する」というような支援計画になるはずである。

　また、失禁による汚れが顕著な場合には「毎日入浴して衛生を保つ」という支援計画になりがちだが、生活歴を振り返ることにより認知症になる前の本人の状況を確認することが重要である。認知症になる前から入浴が嫌いで10日に一度程度しか風呂に入っていなかった人の場合は、毎日入浴するという支援計画はかえって本人の希望に反することになりかねない。本人の臨床像を描くということは、その人の価値観や信条、物事の判断基準も含めた生き様そのものをしっかりと理解し、本人理解を深めることである。全方位型アセスメントでは、単なる情報収集にとどまらず、その情報を統合して臨床像を描くところに重点を置いていることが一つのポイントになる。

　そのうえで問題を構造的に理解していく。この構造的理解もポイントだが、問題の構造とは何だろうか。それは、ただ問題を認識するだけでなく、問題についてその特徴、決定要因を知り、その人の人生における問題の歴史と影響を見立て、問題を構成する要素間の相互関係を捉えるということである。次におこなうのが、把握された問題を主観的ニーズと客観的問題に切り分け、すり合わせ、個別化したニーズとして言語化することである。

この、臨床像を描く→問題の構造を把握する→個別化したニーズを言語化する、という流れが全方位型アセスメントの骨格となる。

　全方位型支援は全方位型アセスメントを土台に問題から課題を抽出し、解決する手立てを考えていく。支援者はともすると客観的に捉えた問題への支援を強制しがちになる。

　先の入浴の例でいえば、「〇〇さん、毎日お風呂に入りましょうね」と支援者が入浴を強いて「いやじゃ、わしは風呂は嫌いじゃ」と本人の反発を招き、解決に向かわないという場合だ。この場合の課題は身体の清潔を保つことなので、風呂に入ることが嫌いでも清拭等で衛生を保つということでも構わないはずである。支援者が描く客観的問題である「入浴できず清潔が保てていない」状態を解決するために、本人の主観的ニーズ「風呂は嫌いだ」「他人に強制されたくない」とのすり合わせをおこない「風呂以外の方法で清潔を保つ」という課題をクリアするということになる。この部分がなぜ重要かというと、本人らしい生き方を支援するという権利擁護の根幹になるからである。風呂嫌いにもかかわらず他者に入浴を強制される状態は、その人の主体性や決定権を奪っていると捉える必要がある。全方位型アセスメントによって捉え方が変われば、個別性、自立支援、権利擁護を大事にした支援への道が開かれる。アセスメントが変われば支援が変わる。逆にいえば、もし今の支援に満足できないのなら、アセスメントを変えねばならない。

　最後に、本人中心性について付記する。支援計画作成では、専門職がアセスメントを通じて思考を練ったうえで、本人とすり合わせをおこなう。全方位型アセスメントでは、本人の思いを聞き取るのが前提で、聞き取れない場合は第三者や生活史等から情報を収集し、臨床像に沿ったアセスメント（仮説）を生成する。計画作成のプロセスから本人中心支援や当事者参加を目指し、生成された仮説も本人に確かめ柔軟に変えていくことが重要である。

2章 そもそもアセスメントとは何か

本章で解説する内容は以下の通りです。

- そもそもアセスメントとは何か
- アセスメントの持つ3つの機能と4つの達成課題
- アセスメントをより深める勘所

1節 アセスメントの位置づけと意味

インテークで得た初期仮説の検証と本人のニーズ把握

本書においてアセスメントとは、インテーク面接で把握したことをさらに掘り下げ、必要な情報を明確化して収集し、臨床像を描き、問題の構造を把握し、問題解決のために本人の主観と専門職の客観をすり合わせ、個別化したニーズを明確にしていくプロセス、と捉えている。実際の現場ではインテークとアセスメントは区別されずにひとまとめのものとして捉えられているが、意識的に区別することでアセスメントがより深まる。

インテーク面接についてはアセスメントを深めるツールとして、5章1節（108頁）で詳細に解説している。

本人のニーズをつかむためには、インテークで描いた初期仮説に、より詳細な検証を加えて本人の状況分析をおこなう。情報が限られ本人のニー

ズを十分に把握できない状態に陥った際には、不十分でも今ある情報を元に仮説を検証する。仮説の立証に必要な情報は多岐にわたるため、必要に応じて多職種が連携し、役割分担することで、立証に必要な情報を新たに収集する。

　ニーズが描き出され、改善すべき現状が把握できた段階で、支援計画の作成が開始される。計画作成の際に重要なことは、本人の問題点の改善のみに着目した支援計画を立てるのではなく、その人らしい生活の実現を視野に入れた計画作成を心がけることである。そのためには、本人と環境のよき適合状態をイメージし、それを支援チームで共有し、計画を立てる必要がある。

　ニーズ把握の際に陥ってしまう誤りとして、認知症高齢者への支援の場合には、本人が自分の支援に対して意見を言いにくい状況にあるため、本人への支援よりも本人の行動に困っている家族や地域という環境に対する支援に重きを置きがちになる点が挙げられる。しかし認知症による症状は生まれつきのものではない。社会で働き結婚し家族を持ち子どもを育て自立させ、地域生活を送りながらやがて年をとり、一人暮らしになり物忘れが始まり、ゴミ捨てができなくなって家の中や周りがゴミだらけになってしまう、被害妄想によって地域とのトラブルが起き地域住民が困ってしまう……というように、長い生活歴のなかで生じるものである。

　改善を必要とする現状のみに着目すれば、本人が自らの希望を主張できない以上、地域とトラブルを起こしている認知症の独居高齢者を施設に入所させたほうがよいということになってしまう。しかし本人の生活歴をひもとき、もし認知症になっていなければ本人はどのような生活をしたかったのかを代弁することは可能である。本人を「認知症の高齢者」と類型化してニーズを認識するのではなく、「長年この地域で生活してきた○○さんが認知症を発症して地域生活に支障が出ている状態にある」というように個別化して捉え、○○さんに固有のニーズとして認識し、○○さんらし

い生活をどのように支援するのかを考えることによって、本人中心の支援が組み立てられるのである。

援助行為としてのアセスメント

　援助者が本人を個別化し、本人中心の支援を指向したアセスメントを協働でおこなうことで、本人との信頼関係を構築できる。アセスメントは仮説を立てて取り組み、それを検証・修正し、新たな取り組みをすることの繰り返しである。状況が変化すれば問題の構造も変化するため、アセスメントは援助終結まで常に繰り返す援助行為といえる。

　また、アセスメントを通じて援助者と本人が協働しながら、本人の置かれている状況と本人を取り巻く環境について理解を深めることに努める。そのためには初回面接から支援の各段階を含めて常にアセスメントの視点を持つことだけでなく、本人が自分の課題を理解し、表現できるように関わることが必要である。アセスメントを通じて本人や家族と接する行為そのものが対象者を支える力となり、本人に以下のような援助効果もたらすことができる。

　アセスメントによってもたらされる援助効果の例
　・話を聞いてくれる人がいるということがわかる（安心感）
　・困っていることも含めて自分のことについて語れるようになる（エンパワーメント）
　・話をしているうちに、自分で自分の課題が整理できるようになる（エンパワーメント）
　・援助者に対して信頼感を持つ（信頼関係）
　・自分の今後を描けるようになる（主体的に生きる出発点）
　・そのために自分がなすべきことがわかるようになる（自己決定・自己責任）

・解決に役立つ自分の力や周囲の力に気がつくことができる（自らのストレングスへの気づき）

　このように、アセスメントそのものが本人の自立を支える重要な援助行為として成立している。アセスメントは援助者が一方的におこなうものではなく、対象者との相互作用のなかで成立し、本人の主体性を導くものである。また、そのプロセスにおいて援助者は本人が持つ力に気づいていく。

2節　アセスメントの3つの機能

　アセスメントを機能の面から見ていくと、①情報収集、②分析、③統合の3つの機能からなると考えられる。
　パズルに例えれば、ピース集めが情報収集、一つひとつのピースを結びつけ比べて特徴を調べることが分析、特徴的な色や形のピースを組み合わせてまとまりある絵（平面図）にするのが統合、といえる。次節から詳しく説明しよう。

情報収集の視点

　情報収集とは、課題解決・ニーズの充足に必要な情報を収集することである。情報を収集することがアセスメントであるかのような誤解があるが、あくまでアセスメントプロセスの一部にすぎない。多すぎる情報は混乱を招き、かえって援助の妨げになるので、何でもかんでも把握すればよいということではない。ニーズの充足、問題・課題の解決に必要なものを意図的に収集するべきである。そうした援助の根拠に基づいて、その情報

がなぜ必要であるのかを説明できなければ、「聞きにくい情報」を前にして、腰が引けてしまう。

　例えば金銭について聞くことを躊躇する援助者は多い。しかし総資産や月の収入を把握できなくても、介護に拠出できる金額によって利用できるサービスの選択肢が大きく変わることを説明し「ひと月あたりおいくらくらい介護に出費することができますか？」と聞くことで、援助するうえで必要な介護にいくらくらい支出する意思があるかという情報や、経済状態を推測する材料を得ることができる。また、直接的に年金額を聞かずとも、その方の職歴や勤続年数などからある程度の額を推測することは可能である。年金額と支出の額に大きく隔たりがあり、経済的搾取が疑われるような状態であれば、それを根拠としてさらに踏み込んで確認する必要がある。

分析の視点

　分析とは、端的にいえば比較し意味づけすることである。一つの情報だけを見るのではなく、他の情報と結びつけ、比べて、その情報を意味づける必要がある。その人を構成する断片（ピース）を意味づけていく。つなげて、比べて、意味づけることが分析であり、意味づけられない情報は何も生み出すことはなく、極論すればないのと同じである。

　比較の具体例としては、認知症になる前と認知症である今と、安定している時と不穏な時と、できていることとできていないことなどが挙げられる。それらを比べてみることで、その人の不穏の形が見えてくる。不穏な時だけでなく落ち着いていられる時にはどのようなことが作用しているのかを考えてみて初めて、その不穏への対応が可能になる。意味づけがない状態では、ただただ表面的な対応に終始することになり、根本的な要因に対処できないため、不穏は続く。

　多職種連携や地域連携において情報共有の重要性がいわれるが、情報共

有だけでは不十分で、その意味づけをすり合わせるプロセスを経て合意形成された意味を共有しなければ、いくら多くの情報を共有しても有効な連携にはつながらない。同じ情報を持っていても、分析、つまり意味づけが異なることは容易に起こり得る。人は同じものを見ていても同じ解釈をするとは限らない。連携の場面で医療職と福祉職のずれが起こる場合があるが、これは同じ情報を持っていても意味づけが異なっている場合に起きる典型例である。意味づけの共有は連携における大きなポイントであり、専門性の異なる複数の人たちが目的を共有して協同していくには意味づけのすり合わせと、次に述べる統合された本人の姿の共有が重要である。

統合の視点

統合とは、意味づけされた複数の情報を結び合わせて臨床像を生み出すことである。断片（ピース）をつないだ線を複数用いてまとまり（平面）を作り、そのまとまりに新たな意味をつけることでその人を理解していくイメージである。例を挙げて説明しよう。

強い不穏状態にある認知症の女性がいるとする。彼女は、35歳の時に夫を失った（夫と死別している情報と、それが35歳の時である情報を結ぶ）、4人の子どもを女手一つで育て上げた（子どもが4人いる情報と、35歳で夫と死別した情報を結ぶ）、子ども全員を国立大学に進学させた（同居長男の学歴情報と、次男と娘二人の学歴情報を結ぶ）。このように複数の情報（線）をつなぐことでその人の一つの側面が描き出され、意味づけをすることができる。現在の状況だけを表面的に見れば、強い不穏状態にある認知症の女性としか見えないかもしれないが、情報の統合が進めば、一家の大黒柱を失っても、女手一つで子ども4人全員を大学に行かせ、立派に育て上げたものすごい母!! という新たな意味づけをしたうえで、その人を理解することが可能になる。「すごい母」という意味づけがあれば、認知症で不穏状態にある

今でも子どものことは気がかりであるという推測は容易であり、不穏状態へのアプローチのヒントとして活用できるようになる。また、このように育てられた子どもたちの「すごい母」への想いも推測が可能になり、家族関係も含めた全方位的な仮説を立てていくことができる。

　このようにアセスメントをおこなう際には、情報収集、分析、統合の３つの機能を用いることになる。どれが不十分でもよいアセスメントにはなりえない。

全方位型アセスメントで達成すべき４つの達成課題

　全方位型アセスメントで達成すべきことは４つある。機能や目的の面からいえば、アセスメントとは前述の情報収集、分析、統合という３つの機能を用いて、①臨床像を描く、②問題を把握する、③問題の構造を把握する、④主観的ニーズを明確にする、という４つの達成課題をクリアすること、と表現することができる。抽象的にアセスメントを考えるのではなく、その機能と、援助者としてクリアすべき達成課題として認識すれば、より深いアセスメントへの道が開かれるであろう。

　以下、達成すべき４つのことについて詳しく述べていく。

①臨床像を描く

　一つ目の課題は、臨床像を描くことである。臨床像を描くとは、大雑把にいえば対象者を理解する、ということである。臨床像が意味するのは援助の対象としての相手の理解であって、相手の全てを知り尽くすことを意味するわけではない。

仮説検証による四次元的理解としての臨床像

　臨床像を描くことは、収集した情報を分析・統合して得た平面図に奥行

き（その人固有の大事なこと：個別性）と時間軸（過去・現在）を加えて四次元にすることである。そうして受け取った対象者理解の形を本人のリアリティに沿って言葉にすることが重要である。さらにいえば本人が置かれている問題状況を、映像的に絵解きされたイメージで言語化できること、と言い換えることもできる。筆者（伊藤）は事例検討において、一度もお会いしたことのない利用者を、事例提供者が提供する情報のみを用いて分析統合し、臨床像を描く。非常に上手く臨床像が描けた場合、会ったことのないその利用者が、こういう状況に置かれたらこの人はきっとこういう言動を示すのだろうな、と、映画のワンシーンのように動き、会話をするイメージが浮かび、援助者に確認すると実際にそのような言動が生じていることがある。そういうときは描いた臨床像がかなり上手く本人の主観的側面を捉えており、事例の理解も深いといえる。臨床像は最初から完成形が描けるものではなく、入手できている事実を元に仮説を構築し、仮説を検証する情報を取得し、さらに分析統合を進めながら描いていくものである。複数の事象が仮説を支持する状況であれば、一応検証に耐える仮説が完成した、すなわち臨床像が描けたといっていいだろう。

平面図から四次元の臨床像を描くプロセス

　平面的な理解から立体的な臨床像を描いていくポイントは、過去と現在という２つの時間軸をつなぐことである。過去は誰にでも存在するが、特に高齢者は過去の時間の蓄積が大きく、その分生活歴の重要性は大きい。逆に子どもの場合は、過去の蓄積が少ない分未来の要素が大きい。えてして援助者は、現在の、目に見える問題だけに意識を向けがちである。しかし、現在だけを見ていてもアセスメントは完結しない。過去と現在をつないだうえで、今、本人が置かれている状況をイメージすることが重要である。今こういう状態にある、ということを理解するだけでなく、「なんで、どうして、こうなったか」という道筋も含めた理解ができないと、たとえ

現状が把握できても問題を解決することが難しいことはよくある。「なんで、どうして」と追究する意識を持つことで情報の分析へのとっかかりが生まれ、もしかしたらこういうことではと仮説が生まれ、仮説があることで気になる情報、その検証に必要な把握すべき情報が浮き上がってくる。

　時間軸で捉えることによって、過去から現在まで一貫した本質が見えてきたり、逆にある出来事以降その人の暮らしが崩れてきたことが見えてきたりする。多くの場合、臨床像に奥行きを与えるような本人の大事なものは、時間軸で捉えることで見えてくる。相手が生きてきた・生きている世界に沿って感じ、考え、本人には今、この状況がどう映っているかを相手の価値観・判断基準から考えることで、意味づけした情報のなかの特に大事なものに気づくことができるようになる。この大事なものは全方位型支援（3章4節参照）において、主観的ニーズを描くうえでも大きな意味を持つ。

分析統合から臨床像の完成へのイメージ

　分析統合から臨床像の完成へのイメージは、点→線→平面→立体→四次元のような展開である。断片的情報は点であり、点を集めるのが情報収集である。点を線にするのが分析であり、複数の情報を結びつけ比較し、意味づけていく。線を面にするのが統合であり、意味づけた情報のまとまりを作り、まとまりにも意味づけをしていく。面に奥行きを与えて立体にするのがその人にとっての個別性であり、それが脅かされたり欠けたりした状態が問題、あるいはニーズの欠落である。さらに、時間という要素（過去・現在・未来）が加わり四次元になって、過去も含めた総体としてのその人の姿が描かれ、臨床像が完成する。

　それが全方位的にその人の臨床像を描けたということである。ある場面を切り取った静止画ではなく、時間の流れを含んだ動画のように本人がリアルに動きしゃべる様が思い浮かび、映画の主人公を説明するように言語化できるイメージだ。

臨床像を描く例

　臨床像を描く流れを、具体例を用いてみていこう。

　例えば、2か月前までタクシードライバーとして仕事をしていた独身男性が、定年退職してから体が急に弱り介護保険を申請してきたとする。現状だけに注目すると、今現在できること、できないことを把握し、できない生活行為に対して急いで介護保険サービスを導入しようとするであろう。だが、これでは平面的な理解による支援となってしまう。

　しかし、2か月前まで運転と接客を長時間続けるという、体力も人との交わりも必要なタクシードライバーの仕事ができていた人、という過去と現在をつなぐ視点を持つと、「なぜ」介護保険による支援が必要になるほどに「急激に」弱ってしまったのか、この人は「どうして」介護保険を利用しようと思ったのかというとっかかりが生まれ、いつから、どんなプロセスで生活できなくなっていったのか、その変化に着目した情報収集に取りかかることができる。おそらくこのプロセスのなかに本人の個別的な奥行きが含まれている。

　そういう意識で本人の暮らしを見回すと、洗面所に残されている女性用化粧品や、部屋に転がっている焼酎の容器の数やコンビニ弁当のガラなどのゴミから得る情報や、袋に入ったまま飲んでいない薬の数や種類や病院名や処方日などが、重要な情報として意味づけられる。そして食生活を支えてくれていた内縁関係の女性が出て行ってしまい生活が崩れたのではないか、失恋のショックで意欲が失われ服薬しなくなったのでは、服薬ができていないせいで持病が急激に悪化しているのでは、働かなくなったことで自制がきかなくなり連続飲酒に陥ったのでは等々の仮説が立ち上がり、それらの仮説を検証するための追加情報を得ていくことで、臨床像ができあがっていく。当てずっぽうに手当たり次第情報を得ようとしても空振りに終わることもあって効率が悪いが、仮説の検証を意識していれば、仮説

を見極めるポイントとなる質問を効率的に絞り込むことができる。また、たとえ可能性は低くても、もしそうであった場合の影響が深刻な仮説（命や人権を脅かすような結果につながる仮説）から検証するとよい。それを棄却できれば、リスク管理のうえでも有効である。

答え合わせとしての臨床像の共有

さらに、描いた臨床像、つまり対象者理解の形を、「私はこのようにあなたを（あなたのご家族を）理解しました」と本人や家族といった当事者に返すことも非常に重要である。多くの援助者はせっかく理解したその人のことを、自分のなかにとどめてしまう。それでは相手は自分のことが理解されたのかどうかを確かめるすべがなく、本人の認識と援助者の理解にずれがあっても修正することはできない。しかし、言語化して相手に返すことができれば、援助者が描いた臨床像の「答え合わせ」ができ、間違いがあれば修正することができる。間違えたまま援助が進行してしまうことを考えれば、このメリットは大きい。このように、描いた臨床像を相手に戻して共有することで初めて、共通認識に至ることができるのである。

ニーズ把握の大前提は本人の臨床像をできるだけ早いタイミングで正しく描くことであり、それが相手に伝わることで、信頼を得ることもできる。多くの援助者が「信頼関係ができてから大事なことを聞こう」と考える。確かに信頼していない人に「大事なこと」を話そうとは思わない。しかし、信頼関係は時間が経過すれば自動的に形成されるわけではない。信頼に値することをして初めて勝ち取ることができるのである。援助者が引き出したい「大事なこと」は、プライバシーの塊であり、援助場面以外で赤の他人が気安く聞けるような代物ではないことを自覚する必要がある。問題とニーズにつながる大事なことを聞かせてもらうためにも、できるだけ早い段階で臨床像を描き共有することが重要である。

②問題を把握する

　二つ目の課題は、問題を把握することである。要介護者や家族が抱える「問題」とは、どんなものだろうか。それは本人や家族のごく主観的なものも含み、必ずしも援助者が客観的に捉えたものに限定されない。困った、しんどい、つらい、といった多様な形で表現されることが多く、こうしたい・こうしてほしい、これは嫌だ・したくないという要求の形をとることもある。さらに援助者にとって困難なのは「問題」が常に表面化しているとは限らないことである。

　何をもって「問題」とするかは、援助の成否を左右する非常に重要な要素であるため、3章1節でも詳しく解説するほか、本書で登場するさまざまな事例においても繰り返し問いかけることとする。

③問題の構造を把握する

　三つ目の課題は、問題の構造を把握することである。問題の構造は、以下の4つの要素と、それらの相互関係から成り立っている。

①問題の特徴……何が、誰にとって、どう問題か
②問題決定要因……何が問題であるかを決定
　〔②-1：本人の主観〕本人の経験や価値観や判断基準、問題に対する感情や行動など
　〔②-2：専門職の客観〕専門知識や援助経験、専門職の価値や判断基準
③問題の歴史……問題の成り立ちや経過、その問題への取り組みについてを示す
　〔③-1：経過〕いつからどのように問題となっていったのか
　〔③-2：対応〕問題に対して本人や周囲が示し発揮してきた行動や力
④問題の影響……問題による生命・生活・人生・尊厳への実害を示す

　問題の構造を図式化したものを図2-1に示す。

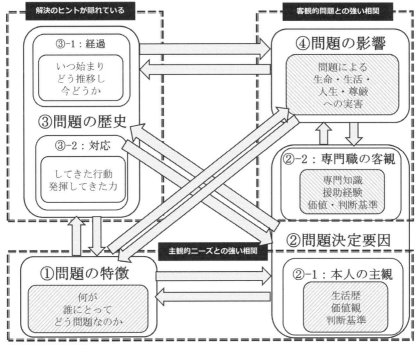

図2-1　問題の構造

　援助者はどうしても、表面に見えている派手な問題に目を奪われがちである。しかし、主観的ニーズの充足を目指すのであれば、注目すべきは問題そのものよりも問題が生じる構造である。なぜなら、問題の構造には援助者自身の見方は混入しにくく、客観的に整理することが可能だからだ。さらに、問題を構造的に捉えることで解決を妨げている事象が見えやすく、解決につながる道筋が発見しやすくなる。例えば、①問題の特徴や②-1本人の主観は、主観的ニーズとの強い相関がある。②-2専門職の客観や④問題の影響は客観的問題との相関が強く、緊急性の判断にも不可欠である。③問題の歴史には解決の手立てを考えるうえで重要なヒントが隠れていることが多い。

　このように問題を構造的に捉えることで、主観的ニーズと客観的問題の

切り分けができるようになり、解決のための有効な手立てのヒントを得ることができる。

　事例検討などにおいても、援助に困難を感じた事例やなぜだか上手くいった事例がどんな問題の構造をしていたのか、それを解き明かすことで、何が理想への到達を阻んでいるか、失敗のループを生んでいるかが可視化される。理想への到達を阻むものを把握することで解決すべき課題が明確化され、やるべきことや対応の突破口も見えてくる。困難事例だけでなく成功事例も検討することで、幸運にも上手くいったケースをひもとき、なぜ上手くいったのかを解明し、他のケースへの応用を模索し、その地域の必勝法としていくことができる。

　実際の支援では問題の特徴の一部だけ、それも援助者から見えやすい部分だけが切り取られる場合が多い。そのため事例検討などでも、問題の構造を事例提供者が端的に説明できない場合は少なからず存在する。より構造的に、本人のどんな人生周期に生じた問題であるのか。それまでどう問題と向き合い対処してきたのか、どんなニーズが満たされないために生じた問題であるのか、それらを掘り下げて構造化を図ることで問題が読み解きやすくなる。

　また、人が生きていく場面ではさまざまな問題が同時多発的に降りかかるため、対応の優先順位づけが必要になることも多い。その場合には本人の生活や人生にどの程度の実害が生じているのかを見積もって判断する必要が出てくる。セルフネグレクトの状態の場合などは、当人からは「このままでいい」「何も困っていない」という返答があって援助の糸口がつかめないこともあるが、そういった場合は客観的問題として健康や人権の状態を把握し、本人の主観的ニーズとすり合わせて共同決定を図ることになる。

　言い方を変えれば、全方位型アセスメントにおいては、まず臨床像と問

題の見立てを統合すること、次に問題を構成する要素やその相互関係を理解しその成り立ちを見える形にしていく、それが問題の構造的理解である。臨床像を深く把握することで、本人や主たる介護者と問題との関わり方が見えてくる。さらに、取り巻く環境を読み解くことも支援を展開するうえでは重要であり、本人と環境の問題への対応力の把握によって今後必要な支援を見積もることができる。これらが解決を導く手立ての土台となっていく。

④主観的ニーズを明確にする

　四つ目の課題は、主観的ニーズを明確化することである。その人がどんな人であるか（現在の姿）、その人はどう生きてきたか（過去の姿）をつなげて臨床像が描ければ、つないだ延長線上にその人のこれからどう生きてどう死んでいきたいかといった死生観を含めた未来の姿を思い浮かべることができる。そして本人の培ってきたこれからも守りたい価値観・譲れないもの・行動原理等々を踏まえた人生レベルのニーズをつかみ、その人の「これだけは守りたい」ものを支えることができる。ニーズとは、さまざまな問題のうち、その人の人生と結びついた本人にとって主観的に必要不可欠なものを意味する。

　全方位型支援では主観的なニーズの明確化が必須であり、そのためには質の高い全方位型アセスメントが前提となる。今の暮らしがベストなのか、この人にとっての幸せとは何か、現状を整理して未来の予測をする必要がある。アセスメントによって過去と現在を結びつけ、未来のために今なすべきことを明確化して支援を具体化していく。暮らしを支える生活面の問題解決も重要ではあるが、人生のニーズを充足しないとその人の魂が死んでしまうことも起こり得る。生活面の問題は援助によって解決できているはずなのに、なんだか上手くいかないケースというのは、より深い主観的ニーズが捉えられていないことが多い。一般論としてではなく、その人固

有のニーズを描いて本人と合意することができれば、今まで届かなかった
支援を受け取ってもらえることがある。

問題の構造からニーズを描くこと

　全方位型支援を展開するには、全方位型アセスメントをおこない、問題
を構造的に捉え、主観的ニーズと客観的問題をすり合わせ、一般論でない
個別化したニーズとして表現する必要がある。ニーズは言語化され、本人
と援助者の間で共有化されて初めて援助の目標になり得る。

　例えば真夏に１週間入浴していなくて不衛生で異臭を漂わせている高齢
者がいる場合、援助者側の認識としては、これは明らかに問題である。し
かし、その表面に見えている客観的問題を解決しようとして強引に入浴さ
せることが、本人の尊厳を傷つけ、そのことのほうが本人にとってより切
実な問題となることもある。介護者の心ない言動に自尊心をズタズタにさ
れるよりも、不潔な状態を甘受し人前に出ないことを優先する生き方もあ
り得るということである。この場合、不衛生な状態というのは不適切な対
応が引き起こした結果である。その結果に至る問題の構造を読み解けてい
ないと、表面に見えている不衛生という客観的問題の解消に躍起になって
しまい、主観的ニーズである自尊心を守ることが意識できなくなってしま
う。このように、問題の構造からいったん主観的ニーズと客観的問題を分
け、２つをすり合わせたうえで個別化したニーズを描き出すことが、全方
位型支援の実践における最大のポイントとなる。

過去と現在をつなぐ全方位型アセスメント、
現在と未来をつなぐ全方位型支援

　時系列で考えれば、過去と現在をつなぐのが全方位型アセスメントであ
り、現在と未来をつなぐのが全方位型支援である。過去がない人など存在

しないので、生活歴は現在に至る道筋を示す重要な情報である。全方位型支援では、アセスメントでつないだ過去と現在をさらに未来に伸ばして3つの時間軸をつなぎ、本人が置かれている「今」の状況をイメージし、その延長線上に未来を見据えることが重要である。また、専門職としての客観的視点から見るだけでなく、同時に本人の主観的視点から見て、今の状況がどう受け止められているのかを想像することが必要である。同じ物事を見ても、その見え方、感じ方まで同じとは限らない。専門職としての知識や経験値から見えるものと、本人の視点から見えるものはずれが生じることが多い。

ＡＩで代替できるサービスプラン調整と代替できないケアプラン

この本を読んでくださっている援助者に問いたい。あなたのアセスメントは過去と現在をつないでいますか、と。つないでいないものは全方位型アセスメントとは言いがたく、ただの断片的情報収集である。断片からは全方位を見通すことはできず、たまたま見えている側面にだけ対応する対症療法的なその場しのぎに終わり、根本的解決につながらない。もし上手くいったとしてもそれは幸運な偶然にすぎない。

さらに問いかけたい。あなたの立案したケアプランは未来につながっていますか、と。つながらないものはケアプランではなく、ただのサービスプランである。ある状態像に対してサービスプランを当てはめるだけであれば、そこに専門職が関与する必要性はない。過去の経験に基づいてただサービスを組み合わせるだけなら、ケアマネをはじめとする相談援助専門職は、ＡＩに代替されていくこととなるであろう。そして、表面的なアセスメントに基づくサービス組み合わせプランよりも、膨大なデータに基づいて算出されるＡＩ作成ケアプランのほうが、思い込みや恣意的な事業所利用に左右されない分、平均すればよい結果につながることも十分にあり

得る。

　ＡＩに淘汰されない、専門職ならではのプランを立てるには、意味づけ
された情報を統合して見立てていくこと、データからは導けないその人の
人生の文脈に沿った意味づけや、人生のニーズをつかむこと、その二点が
必要になる。福祉職の存在意義である自立支援をおこなう場合、失った能
力を単純に補完すること、できない部分を援助することだけでは不十分で
あり、明確化されたニーズに基づいた根拠のある支援が必要となる。それ
を左右するのは全方位型アセスメントのクオリティである。そのクオリ
ティが低ければ、あなたの専門職としての資質が問われることになる。

3節　アセスメントの勘所

　ここまで、アセスメントを主に機能と達成課題の面からみてきた。ここ
からはより的確に深いアセスメントにつなげるための勘所について述べて
いく。

質の高い情報の収集

　アセスメントをおこなうには、質の高い情報が不可欠である。質の高い
情報とは、事実に基づいた「客観性」と、本人・家族の口から直接語られ
た本人にとっての真実に基づく「主観性」を保持している情報である。事
実に基づいた客観性とは、身体的側面、心理精神的側面、環境的側面から
根拠（エビデンス）に基づいた情報を収集することである。
　例えば「食事はしっかり食べています」というのは主観に基づく情報で
あり、その発言者はそのように認識しているという事実がわかる。しかし、

客観的に見て必要な栄養素が摂取できていることを保証するものではないので、発言を鵜呑みにせず、「何をどれくらい食べているのか」「ＢＭＩや血液検査のデータはどうか」などの定量的な情報も併せて確認することで客観性を担保することになる。特に身体的側面や心理精神的側面は、本人が積極的に語らない場合は見落としがちになるのでインテークの時点から意識し、本人が安心して語れるような信頼関係の構築も心がける。

主観的側面への注目とストーリー化による仮説の検証

　本人や家族の語る物語を聞くことにより、本人自身の価値観や、家族の本人に対する想いなど客観的事実ではわからない情報の入手が可能となる。価値観や判断基準はその人が培ってきた人生の上に成立しており、同じ状況で同じ場面を見ても、人によって捉え方が大きく異なる場合がある。だからこそ本人の主観的側面からも状況を把握する必要がある。そのことは本人や環境のストレングスを見いだすことにもつながる。

　問題解決志向が強い支援では客観的側面が重視されやすく、本人の主観的側面が死角になりやすい。全方位型支援においては客観的側面と共に主観的側面も大事に扱う。そこで重要なのは、本人の発した言葉をできる限りそのまま記録しておくことである。なぜなら記録者の解釈によって情報が歪む可能性があるからであり、本人の言葉がそのまま残っていればのちに事例検討などでそれを元に新たに解釈し直し、意味づけを修正することも可能になるからである。

　本人はその人生において時代をどのように乗り越えてきたのか。そのとき、本人を助けてくれた「人・物・信条」はどんなものだったのか。そして、それらさまざまな出来事のなかで本人が「どうしてもゆずれなかったもの」（価値・信条）は何か、など、本人の語りを意味づけながら、物語として捉えていくことが重要である。同じ病状、同じ状態に見えても人生は

さまざまであり、情報の断片だけで判断せず、今生じていることの背後も含めて見つめ、ストーリーとして描くことで仮説は豊かになり、確度も高まる。赤の他人である援助者が本人の主観に迫るには何か手がかりが必要である。仮説は本人の実情に迫るためにあり、一つの仮説に固執せず、多くの仮説を立て、不合理な仮説を捨てながら、仮説の検証のために必要な情報を漏らさずに得ていく。仮説を捨てることは一歩実情に近づいた証でもある。

全方位への視線による情報の意味づけ

　人の暮らしは、複雑多様なシステムで成り立っている。ある事象が起こるには、それがどんなに不可解に感じられる事象であったとしても、その背景には、それが「起こらざるを得ない」複雑で多岐にわたる事象が存在していると考えてみる必要がある。その事象から得た情報をどのように意味づけるかによって問題の見え方も大きく変化し、その後の援助の成否も変わってくる。

　例えば、一人暮らしで物忘れが始まっている80歳の高齢女性がいるとしよう。ゴミ捨ての指定日がわからなくなり、指定日以外に分別していないゴミを出してしまった彼女をゴミ当番の住民が特定し、指定日以外にゴミを出さないように、分別をするように注意した。注意されたことがきっかけで、その女性はゴミを出すことができなくなった。近隣住民はゴミの指定日ではない日に捨てることや分別していないという目に見える問題以外には無関心で、その後その女性がゴミ出しをしていないことも家の中にゴミがたまっていることも気づかなかった。数か月が経ち家の中にはゴミがあふれ、庭にもゴミが散見されるようになった。この時点になるとさすがに近隣住民も異変に気づき、不衛生であるし、火事でも起こしたら大変だということになり、地域からの排除が始まってしまった。

この事例でもわかるように、人の暮らしで問題が生じる場合には、本人の問題（物忘れ）だけでなく環境の問題（地域の支援体制の有無）等も複雑に絡み合って生じてくる。先ほどの例でも、起きていることへの意味づけが違えば、問題の見え方が大きく変化する可能性がある。物忘れが始まった一人暮らしの高齢者がゴミ捨ての指定日を間違えてしまった。ここまでは先に挙げた状況と同じとしよう。ところが近隣住民が「今まで間違えていなかったのにどうしたのかな？」と疑問に思い、様子を見に行ったとしたらどうだろう。その女性の様子がちょっと変だということに気づき、相談機関につないだりゴミ出しの日に声をかけたりといった支援が可能となる。ゴミ出しのルール違反ととるのか、今まで大丈夫だったのになんだか様子が変、と意味づけるのかで対応は大きく違ってくる。ゴミの日を間違える、という今までになかった異変に気がつけば、認知症の初期段階で周囲が関わることも可能になり、周囲の適切な関わりが得られれば地域で暮らし続けられる可能性は少なくない。

　ゴミ屋敷を「当人だけの問題」として意味づければ、適切にゴミ出しができずため込んでしまう原因は認知症にあり、認知症が治らない以上、解決はできないことになる。しかし、ゴミ屋敷を「地域のなかでの複合的な問題の相互作用の結果」、と捉えれば、認知症は治らなくても地域で幸福に過ごすことができるかもしれない。

　このように、生活上の問題が生じている場合、「原因」と「結果」を単純に結びつけて意味づけてしまう直線的思考ではなく、「一つが全てに影響を与え、全てが一つに影響を与える」というシステム内の相互関係を捉え、「原因が結果となり、また次の事象の原因となる」という円環的思考等を用いて、あらゆる角度から情報を見つめ分析することで問題の構造を捉えることが必要である。

アセスメントにおけるストレングス把握の重要性

ストレングス（強み）とは、利用者本人が発揮できる力や潜在能力、環境が持っている支える力の総称である。ストレングスは本人が主体となって課題解決に取り組むためにも非常に重要な要素となる。そのため援助者は本人の持つストレングスを見つけ出し、それを活かした支援を模索して構築していくことが必要だ。

ストレングスを見つけ出す際の視点には以下のようなものがある。表2-1のような問いを頭に浮かべてみると、ストレングスに気がつくことができる。

表2-1　ストレングスを探す際の視点（ストレングスを探す問いかけ）

> ・本人が大切にしている人やものや活動は何だろう
> ・本人が興味を持っていることは何だろう
> ・本人がやっていると楽しいと感じることは何だろう
> ・本人が実現したいと願っている夢や目標は何だろう
> ・本人が得意としていること、持っている才能、ずっとおこなってきたことは何だろう
> ・本人にとって自信があることは何だろう
> ・本人を支えている人は誰だろう
> ・援助者支援者が本人といっしょにやると楽しめる活動は何だろう
> ・本人がこれまでに成し遂げてきたこと（実績・経験値）にはどんなことがあるだろう

ストレングは大別して個人に属するものと環境に属するものがある。それらの例を表2-2に示す。

利用者の持っているストレングスを上手く活用することで、本人が解決の主体になることができる。本人が主体になるかどうかは問題の解決にも

大きく影響するだけでなく、自立支援という大きな価値に直結する。その
ため、援助者はアセスメントにおいて「できないこと探し」をするのでは
なく、ストレングスを把握し、本人の力を見極める必要がある。

表2-2　ストレングスの種類

	類型	具体例
①本人の個人的ストレングスの例	願望、夢、希望	目標と夢がある　自分の希望が言える
	能力　特技	自ら助けを求められる　支援を拒否しない
	技術	調理ができる　ピアノが弾ける 車の運転ができる
	自信	一人で暮らせている
	自己効力感	まだやれることがある　他者に感謝される
	経験、実績	困難を乗り越えてきた過去がある
②本人が生活している環境のストレングスの例	地域のサービス資源	ＮＰＯがある　介護事業所がある　必要な資源にアクセスできる　通える場所がある
	人的資源	キーパーソンがいる　友人がいる　同級生がいる　親切な隣人や民生委員がいる
	つながり	見守る地域住民がいる　茶のみ友達がいる趣味の仲間がいる　信仰仲間がいる
	参加する機会	サロンでサークル活動をしている（していた）

デマンドとニーズの見極め

　援助の方向性を定めるために、デマンドとニーズを見極める必要がある。
デマンドとは利用者が自覚し表出した要求（本人の言動上の表現、表出されている訴え）のことであり、ニーズとは切実な必要性（人生や生活の大事なものが含まれる領域）のことである。ニーズは本人が無自覚な場合や表出しない場合もある。デマンドとニーズはイコールではない。はっきりとしたデマンドがあるからといって、それを全てニーズと捉えると今後の援助の方向が定まらなくなる。

例えば、本人がＡＤＬの低下により「買い物に行けずに困っている」とインテークの際に訴えた場合を考えてみよう。これはデマンドである。その表出された訴えへの対応としてヘルパーに買い物をしてもらうというプラン、いわゆるデマンド対応プランを立てたとする。ところが本人のニーズが「自分で買い物に行けるようになりたい」という思いであった場合、ヘルパーによる買い物ではそのニーズは充足されない。デマンドに即応してしまうのではなく、まずはデマンドとニーズとを区別する。そして情報を分析・統合してニーズとして描き出し、その思いの実現のためにどのような支援が必要なのかを考えることが大切である。インテーク段階では表出されるデマンドを率直に受け取りつつ初期仮説を構築することが肝要だが、アセスメントの段階では仮説の検証を進めて主観的ニーズと客観的問題を描き出していくことに注力する。こうすることで、本質的な問題解決とニーズの充足が可能になる。専門職の視点からは一見明確にみえるニーズだったとしても、臨床像を描き、問題の構造をきちんと把握したうえで手立てを立てていかないと、本人の主観的ニーズに届かなくなる。この部分が全方位型アセスメントの核心部分となるので、3章で詳しく説明する。

主観的領域に着目することによるデマンドとニーズのすり合わせ

　障害者分野では自己決定の尊重が高齢者分野よりも重要視される傾向がある。判断能力がある場合は自己決定が優先されることはいうまでもない。しかし判断能力が不十分であったり、表現する力が弱まったりしている人たちの表出している言動を吟味なしにそのまま自己決定として捉えることは、時としてニーズの履き違えを生じさせる。先にデマンドとニーズを見極めることの重要性を説明したが、次の段階として両者をすり合わせることが肝要になる。さらに具体例を交えてみていこう。

　65歳を迎えた身体障害の男性が、介護保険制度に移行しケアマネが選任

された。本人に面談したところ5年ほど入浴をしていないという情報を得た。理由を聞くと5年前相談員に「入浴はどうしますか」と聞かれたときに、「入浴サービスは必要ないです」と答えた結果であった。そのように答えた理由をさらに問うと、以前入浴サービスを利用した際に不快で屈辱的な対応をされたためであることが判明した。それ以降障害支援プランには入浴という文字はなくなり、結果5年間入浴できず、入浴を楽しみ清潔を保つニーズが充足できなくなった。担当のケアマネはデイサービスの利用を勧め、入浴を促した。デイサービスの職員も本人の意向を丁寧に確認しながら入浴介助をおこなった結果、本人は「とても気持ちよかった、毎回入浴をしたい」と答えた。

　この事例でもわかるように、本人が表出しているデマンドとニーズがずれている場合は、デマンドとニーズのすり合わせをおこなってニーズを見極め、本人が理解しやすい選択肢を用意したりしながら支援プランを調整することも必要になる。

　この例においては表出されているデマンドは「入浴サービスは必要ない」であるが、その内情は「（屈辱を味わうくらいなら）入浴サービスは必要ない」である。本人がなぜ、入浴しなくてよいと考えるのか、どうすれば入りたいと思うのか、本人の主観的領域を描きながら確認していくことがデマンドとニーズのすり合わせである。単純に入浴サービスをあてがうことも、「必要ありません」という発言を吟味せず真に受けて入浴サービスを提供しないことも、主観的側面への理解が欠けている。このケースにおいて、より正確に主観的ニーズを表現するのなら「適切な介助によって入浴したい」「不快な思いをすることなく入浴したい」であろう。ニーズがこのように描かれていれば、サービス計画も当然それを汲んだものとなり、より質の高い支援が提供できる。

　同様の事象は施設入所や入院した高齢者が発する「家に帰りたい」という訴えでも生じる。なぜ家に帰りたいのか、家でないと叶わない願いなの

かを確認しておかないと、デマンドへの表面的な対応のみに終始し、本人の願いが叶わない結果に終わる恐れがある。本人の願いはもしかしたら自宅よりも入所施設のほうが叶えやすいかもしれないが、本人や家族は制度や施設を熟知しているわけではない。そういった場合には適切な情報サポートも含めて表出されている訴えを整理してデマンドとニーズをすり合わせ、よりよい意思決定を共同でおこなっていくことになる。

3章　全方位型アセスメント・全方位型支援とは何か

　本章で解説する内容は以下の通りです。

・問題、課題、主観的ニーズの違い
・全方位型アセスメントと全方位型支援の全体像
・全方位型支援で用いる3つの視点と4つの援助技術
・「全方位」を示す4つの領域

1節　全方位型支援における問題・課題・主観的ニーズ

援助者と本人の問題意識のずれ

　2章でも述べたように、何をもって問題とするかは、援助の成否を左右する非常に重要な要素である。また、問題と課題は日常用語としてはほとんど区別されることなく用いられるが、援助実践においては、区別して認識すべきである。問題とは、あるべき理想の姿との負のギャップであり、改善を必要とする事象のことである。それに対して課題は、現状をあるべき姿に近づけるために解決すべきことであり、ギャップを乗り越えて理想という目的地に到達するためのチェックポイントとして、問題を解決するための取り組み対象となるものである。同じ事象を見ていても意味づけが

変われば別の問題を取り出すことは可能であるし、さらにそこから抽出される課題は視点の置き方により多様化する。

　例えば、「私は午後になると強い眠気に襲われ、仕事に集中できません」という生産工場勤務の27歳の男性がいたとする。この事例における主観的側面から見た問題は、「就業中に眠気に襲われ仕事に集中できない」ということになる。これに対する課題は、「夜更かしをせず睡眠時間を確保する、眠気の原因（睡眠時無呼吸症等）を明確にする」などが挙げられる。

　その一方で本人の特性を把握できていなければ、強い眠気で集中できていない姿を「やる気のなさ」「いい加減さ」と意味づけるかもしれない。これは一般論としては成立するし、援助者が仕事は真面目におこなうべきという理想を持っていれば「仕事に対して不真面目である」ことが問題だと認識するかもしれない。しかしそれは援助者の観点であり、本人の主観的側面からの問題認識とずれることになる。問題認識が異なれば解決すべきことも異なり、「真面目に仕事に取り組む」などの主観的認識からずれた課題が設定されてしまう。この例でいえば、真面目に仕事をしようにも、病的な眠気がそれを阻んでおり、眠気への具体的対応がなければ解決は難しい。しかし、その解決できない状況さえも「不真面目だから」と判断される可能性が高い。援助者側の問題認識のずれが、さらに本人を追い詰める恐れすらある。

問題と課題の切り分け

　こうした援助者側の問題認識のずれからくる弊害を避ける方法として、「問題」は当事者自身に課せられないが、「課題」は当事者自身に課せられているという捉え方が活用できる。問題と当人を切り離し、解決すべき課題を設定することで解決のための取り組みにつなげていく。問題と課題の区別と明確化は援助実践において非常に重要であるが、援助者が対応に苦

慮するいわゆる「問題ケース」「困難ケース」と呼ばれる状況では、援助者にとっての問題は明確であっても課題は不明確なままということも多い。問題は家族なども含めた援助者側が描く客観的問題と常に一致するわけではない。援助者は「問題だ」と思っても本人はそうは思わない、またはその逆の場合も、支援が上手くいかなくなる。事例検討などの際には、何が、誰にとっての問題なのか、問題の認識にずれが生じていないか、課題として明確化されているかどうかを確認することで、非常によい検討につながることが多い。

　援助者側が描く問題と本人にとっての問題にずれがあると課題の認識も必然的にずれて、援助者側の問題を本人の問題として扱ってしまう危険性がある。その場合、援助者は問題だと思っても本人はそうは思わず、課題への取り組みにつながらない。

　「本人が納得できる、本人にとっての解決」に向かうためには問題を構造的に捉え、そこから課題を切り出し明確化していかなければ解決への糸口は見えてこない。そのうえで課題への具体的対応がプランに位置づけられていかない限り、その問題状況は解決しない、予防できない、ということになる（問題の構造については2章2節を参照）。

　一般的に自立している人は、自分自身で課題に対応したり、環境（家族、近隣住民、社会資源、介護サービス、助け合い等）からの支援を受けているため、生活を脅かす問題には見舞われていない。一方で援助を必要とする人は、何かしら生活に改善を必要とする現状を抱えているので、表出されている訴えに振り回されず問題の構造を見極めることが必要である。本人の抱えている問題が明確になってこそ、それぞれの問題を解決するための課題を設定し、支援チームの誰がどのように支援するかを具体的に議論して決定（合意形成）できるようになる。この作業により支援計画ができあがっていく。意味づけした情報や問題の共有にとどまらずに、課題まで明確にして共有することは連携のうえでも非常に重要である。このとき、課題

をチームメンバーが理解しイメージできる形で言語化することが必要になってくる。

理想とのギャップとしての問題から取り組むべき対象としての課題へ

問題を明確化して、なんでどうして、こうなってしまったのか、何がこの人にそうさせるのかを構造的に考え、何をどうすれば理想的な状態に近づくのか、理想への到達を阻んでいるのは何かを考えることで課題が切り出されていく。

課題を捉えるときの注意点は、取り組むべきこととして認識されないと課題にはなり得ない、ということである。取り組みの対象として課題が明確化されて初めて援助が実行できるようになるし、本人や家族の主体的取り組みも始まる。つまり、問題と課題を言語化して共有しなければ、解決のための取り組みにつながらず、問題が解決した理想的状態にも至らない、ということである。多職種連携、業務種別や組織を超えた連携においては、この問題と課題を言語化し共通認識を持つことが連携の大前提であり、この点をないがしろにしての連携はスローガンにすぎず、形式以上には発展しない。

問題とニーズの捉え方の整理：本書におけるニーズの考え方

問題は「表出された訴え（デマンド、2章3節）」「困りごと」「要求・主張」「ニーズ」などさまざまな側面を持っているが、援助をするうえで最も重要なのは「ニーズ」である。援助者はニーズを本人にとって切実さを伴った奥深いものとして扱うべきであり、入浴できていないから入浴がニーズ、というように欠落している生活行為を単純にニーズとして捉えるべきではない。介護保険の領域では専門職側の視点から見た、欠落した生活

行為をニーズとし、それを介護保険のサービスで埋めようとする傾向が強い。しかし本人が抱えるニーズは多種多様であり、生活行為の欠落に限定されない。ニーズを的確に描くことができなければ、本人の内的世界に届かず、その結果、援助者として認めてもらえないことが生じる。そうなってしまっては本人の根源的に守りたいものを守ることはできない。さらに、ニーズは最初から見えているわけではなく、専門職がアセスメントを深めるプロセスで当事者との共同作業として描き出していくものである。

　問題とニーズは絡み合っていることが多く、ニーズの不充足が問題として表面化していることが多い。しかし表面にある目を引く問題だけをそのままニーズとして捉えてしまうと、真に対応が必要なことが無視され取り残されてしまうことがある。特に、食事や入浴、排泄の後始末などの生活行為の欠落は把握しやすいだけに、それ以外の問題をかえって見えにくくすることがある。生活行為は確かに重要だが、それさえ満たせばその人らしい暮らしが保証されるというものではない。例えば本人が無理矢理入浴させられることに屈辱を感じてしまえば、清潔になってもＱＯＬ全体が低下することもあり得る。生活行為はよりよく生きるための手段にすぎない。手段が目的化してしまうことによる弊害に注意を払うべきである。

主観的ニーズと客観的問題のすり合わせによる共同決定

　本書では本人の主観的視点を重視し、ニーズには主観的切実さが作用するとの考え方から、本人が主観的に捉えて切実に解決の必要性を感じている問題を「主観的ニーズ」、専門職が客観的に捉える理想との乖離を「客観的問題」と表現する。従来のニーズ分類と多少異なるのは、数ある問題のうち本人が主観的視点から切実に解決の必要性を感じているものを抽出し、それ以外と区別するためである。

　主観的ニーズと客観的問題をすり合わせたのち、次に求められるのは合

意の共同決定である。ソーシャルワークの教科書では主観的ニーズと客観的ニーズの分類をさらに細分化する傾向にあるが、援助の実践上ではその必要性は薄い。

　援助が困難化している状況においては主観的ニーズが置き去りにされ、本人に客観的問題が押しつけられている局面が多い。専門職が見立てた客観的問題が重視され主観的ニーズが放置されてしまう状況を打破するには、主観的ニーズに焦点を合わせ、本人を中心とした援助体制に修正していく必要がある。だからといって、客観的視点の重要性が低下するわけではない。例えば痛みなどの自覚症状はないが本人の命に関わるなど、命や生活や人生に大きな影響を与える事柄を常に本人が認識できるとは限らない。客観的問題が本人の主観に届いて差し迫った重大事項として自覚されれば、そのことを本人がニーズとして認識することで主観的ニーズに変化し、主観的ニーズと客観的問題がすり合わされ、重なった状態となる。客観的問題が押しつけでなく合意され、共通の解決すべき課題が見いだされれば、それはあらたに主観的ニーズに生まれかわり、本人が解決の主体となることができる。全方位型アセスメントでは本人の主観的領域を大事にして、そのうえで専門職として客観的問題も描き、それをすり合わせるプロセスを経て合意したニーズを作っていくことを重視する。それがニーズを個別化するということであり、そこまで丁寧にニーズを扱わないと類型化したニーズらしきものに支援を当てはめるだけになってしまう。

　ここまで説明してきた問題、課題、主観的ニーズの区別を視覚化して表現したのが、図3-1である。

　また、援助の対象者には意思決定をおこない、それを示すことが困難な人もいる。そういった場合は、本人の代弁者たり得る存在が意思決定を代行することが多いと考えられ、多くは家族がその任を担う。

　しかし、今後は超高齢化、ひきこもりなどの孤立、障害者の親なきあと、のように意思決定代行者の高齢化や死去により身内の援助者が存在しない

方も増えてくると予想される。本人の自己決定や意思表示が困難で、身内にも代行ができる方がいない場合、重要な決定を援助専門職がおこなうことも起こり得る。こういうときには、一人の援助者が重大な決定を背負い込むのではなく多職種がそれぞれの知見を持ち寄り、本人の主観的ニーズを把握し、客観的問題とすり合わせて合意を図る、共同決定が望ましい。

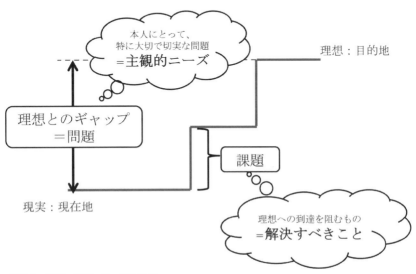

図 3-1　問題・課題・ニーズの区別

主観的ニーズと客観的問題のすり合わせ方

　本人が抱いている主観的ニーズと、援助者が客観的に捉え解決すべきと認識した問題が乖離している場合、主観的ニーズと客観的問題のすり合わせをおこなう必要がある。なかでも専門職が重要性が高いと判断した問題が乖離している場合には、より積極的にすり合わせをおこなう必要があるが、その考え方は以下のように整理できる。まず原則的な対応としては本人の自己決定を尊重し、主観的ニーズを優先すべきだが、その場合にも客

観的問題とすり合わせ、緊急性の判断をおこなう必要がある。例えば以下のような状況である。

例１：一見ゴミのようなものが散乱している住居に生活しているが、本人の判断能力もあり生ゴミは処理されているなど、本人なりの価値基準や判断基準が作動している場合

例２：援助者はサービス導入が必要だと考えているが、本人がもう少し自分で頑張ると言ってサービス導入を強く拒否する場合

　これらのケースは、客観的には援助の必要性が高いが緊急性は低い。「まだ待てる」と判断した場合には、本人が援助を必要としたときにＳＯＳが出せる体制を作ってその時を待つ等の判断をしてもよいだろう。しかし、いくら本人が大丈夫だと言い張っていても、明らかに健康や生命に害がある場合や周囲に悪影響や被害が及ぶような状況、セルフネグレクトや、いわゆる公共の福祉に反するなど緊急性を要する場合にはすぐに対処すべきである。このような場合には相談援助者は客観的問題を提示し、主観的ニーズやデマンドとのすり合わせをおこない、合意されたニーズを描き出すことを目指す。
　まずは客観的問題に照らして本人の人権や健康の問題とセルフケアの能力を見積もり、その弊害や影響をわかりやすく説明して納得・同意を得ていくことになる。このときにも本人の主観的側面を的確に捉えて臨床像が描けていなければ「一方的な説明と説得」になってしまい、本人の拒絶を招くことがある。
　図3-2は主観的ニーズと客観的問題との位置関係と支援の状況を示したものである。主観的ニーズと客観的問題の重なり具合によって支援のあり方は変化すると考えられる。１のように、主観的ニーズと客観的問題が重

1 良好な支援関係
主観的ニーズと客観的問題がずれなく重なる状態
→支援の導入がスムーズにおこなわれ課題解決可能
例　本人もＡＤＬ低下を自覚していて、
　　リハビリを希望している

2 主観的ニーズと客観的問題にずれがある
→アンビバレントな思い、あきらめ、支援拒否
　がある状態
例　虐待を受けているが本人は虐待を否定
　　支援を受けたいが、迷惑がかかると遠慮
　　認知症で自分のニーズを理解できない

3 主観的ニーズと客観的問題の乖離
→支援者が本人のニーズを受け入れがたく
　支援困難になっている状態（**偏見・困難事例**）
例　本人の価値観・世界観が独特
　　本人のルールを支援者が理解できない
　　精神障害等で幻覚幻聴がある
　　重度の認知症でＢＰＳＤ等が激しい
　　セルフネグレクトの状態にある

図 3-2　主観的ニーズと客観的問題（規範的ニーズ）の位置関係と支援の状況

なっている場合には支援はシンプルであり解決も容易で良好な支援関係が形成できるであろう。

　２は、主観的ニーズと客観的問題のずれがある状態である。この場合には主観的ニーズと客観的問題が重なる部分を手がかりとして支援関係を進展させ、本人の信頼を得ながらニーズとの重なりを増やしていくことになるだろう。重なりが少ない場合は３と同様に支援に際して困難を覚えることになる。

　３は、主観的ニーズと客観的問題に乖離が生じ、支援者が援助に困難を感じている、いわゆる支援困難事例の状態である。この場合には主観的ニーズと客観的問題のすり合わせの必要性が特に高くなり、援助者のアセスメントの精度が厳しく問われる。支援に困難を感じるのは本人が主張するデマンドや主観的ニーズと援助者が把握している客観的問題に重なる部分がなく、とっかかりが少ないためであり、何をしても支援を受け入れても

らえない八方塞がりの状態だからである。主観的ニーズと客観的問題をすり合わせて合意できるポイントを見つけ、そこを合意されたニーズとする。合意されたニーズを充足することで本人と環境のよりよき適合状態を模索し、本人がとりあえず納得できる状態を目指していくことになる。本人の意思決定や意向の把握が著しく困難な重度認知症などの状態の場合には、援助者から見て現状よりほんの少しでもよい状態を目指し、客観的問題を一部分でも解決することを考える。

2節　全方位型アセスメント・全方位型支援とは何か

それぞれの領域でおこなうこと・達成すること

　問題と課題について理解を深めたところで、いよいよ全方位型アセスメント・支援の全体像を見ていきたい。全方位型アセスメントとは、本人の主観的な視点から臨床像を描き、そのうえに専門職としての客観的な視点で問題を把握し、問題の構造を描いて、主観的ニーズと客観的問題を区別しすり合わせ、個別化したニーズを明らかにするアセスメントであり、全方位型支援の前提となるものである。次に、全方位型支援とは、3つの視点、4つの援助技術に基づき、4つの領域で展開する支援であり、全方位型アセスメントによって描いた主観的ニーズと客観的問題の両方に成功する解決策（以下、成解と表記）となる手立てを構築する支援である。具体的には、以下の3つの視点と4つの援助技術を活用する。

3つの視点と4つの援助技術

３つの視点

①本人の主観的視点、②専門職の客観的視点、③３つの時制（過去・現在・未来）をつなぐ視点

４つの援助技術

①対象者理解、②問題把握、③見立て、④手立て

４つの領域

さらに、過去・現在・未来の３つの時制をつなぐ軸と、「専門職の客観的視点」と「本人の主観的視点」をつなぐ軸で区切られたA・B・C・Dの４つの領域を、「全方位型支援の４つの領域」と命名する。それぞれの領域でおこなうこと、達成することを図3-3に示す。

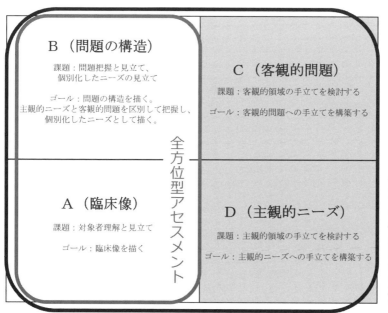

図3-3　それぞれの領域でおこなうこと・達成すること

そのうえで、全方位型アセスメント・全方位型支援の全体像を図3-4に示す。

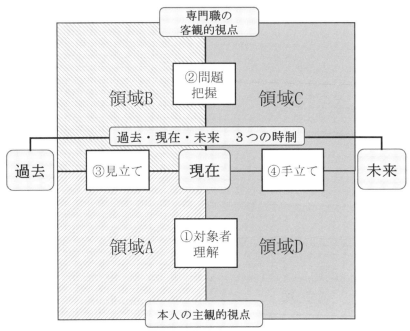

図3-4 全方位型アセスメント・全方位型支援の全体像

全方位型アセスメント・全方位型支援の全体像

この図の基本的な構成としては、先述の「３つの視点」のうちの本人の主観的視点と専門職の客観的視点を縦軸で対置させ、３つの時制（過去・現在・未来）を横軸で捉え、中心点に「現在」を置いている。

そのうえで、「４つの援助技術」については、①対象者理解を「本人の主観的視点」に、②問題把握を「専門職の客観的視点」に、③見立てを「過去」に、そして④手立てを「未来」に結びつけている。

さらには領域Aを対象者理解と見立ての重なる部分として「臨床像を描く」パート、領域Bを問題把握と見立ての重なる部分として「問題の構造を描く」パート、領域Cを問題把握と手立ての重なる部分として「客観的問題への手立てを構築する」パート、領域Dを対象者理解と手立ての重なる部分として、「主観的ニーズへの手立てを構築する」パート、とそれぞれ名づけている。

　全方位型アセスメントは主に過去から現在の「見立て」であるので、領域A（臨床像）と領域B（問題の構造）を指すこととする。そして、全方位型支援とは全方位型アセスメントに基づき現在から未来への「手立て」を考えることなので、領域A（臨床像）及びB（問題の構造）を前提とした、領域C（客観的問題）と領域D（主観的ニーズ）を指すこととする。

　これが全方位型支援の全体像である。以後、事例解説等でもこの全体像に沿っておこなうので、適宜参照してほしい。

3節　全方位型アセスメントの展開
——領域A（臨床像）と領域B（問題の構造）

領域A（臨床像）の展開：臨床像を描く

　まずは領域A（図3-5）から見ていこう。ここは、対象者理解と現在から過去への見立てが重なる領域で、「臨床像を描く」領域としている。

　全方位型アセスメントは援助者が本人の主観的視点に沿って、把握している情報に意味づけをしていくことから始まる。専門職としての客観的視点ももちろん重要であるが、問題とは理想とのギャップとして生じる、という性質から、本人にとっての意味を探る必要がある。生命や尊厳が危機

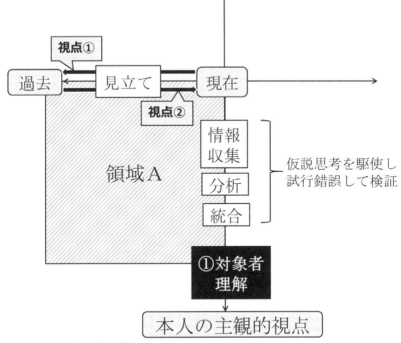

図 3-5　領域Ａ（臨床像）の展開

にあるような緊急性の高い事象を除き、全方位型アセスメントではまず対象者理解からスタートする。ここでは、２章２節の「①臨床像を描く」を参考にしてほしい。

　領域Ａでは対象者理解に役立つ情報を収集し、分析し、それらを統合することでその人を見立てていく。あくまで本人の視点からの意味づけを試みるため、援助者側の解釈や判断を極力除き、確認されている事実を元に意味づけていく。対象者を一足飛びに理解し尽くすことはできないので、まずは現在から過去にさかのぼって（図の視点①）、対象者がどういう人でどう生きてきたのかを探っていく。次に過去から現在に折り返して（図の

視点②）、何がどうしてどうなって、今の状態になったかを探る。現在と過去を行き来する視点を使って、過去にその人がおこなってきた事実を元に臨床像仮説を構築し、現在判明している事実を代入して仮説を検証し、理解の範囲を段階的に広げていくことになる。援助者の解釈や判断を交えた仮説を立ててもよいが、その場合は、誰の、どのような根拠に基づくものであるかを明示し、できる限り複数の裏づけのある仮説を用いる。

　領域Aのゴールは検証された臨床像仮説を描くことである。ここでいう臨床像とは、「援助をおこなううえで理解しておくべきその人の総体」であり、ＡＤＬや病状など専門職としてその人をみたときの援助上必要な客観的状態像と、生き様や美学、価値観など主観的な側面からみたその人のあり方の双方を含む概念である。対象者理解に近い意味合いではあるが、「対象者理解」が専門職的視点に偏りがちな現状を踏まえて区別して用いる。

　臨床像を描くためには仮説思考を駆使して試行錯誤し検証する。このときのコツとしては、ある程度大胆に、複数の仮説を立てることである。重要なのは、仮説を鵜呑みにして思い込まないことであるが、逆にいえば検証をきちんとおこなうのであれば思いつきや勘に基づく仮説を立ててもよいということである。最初からピンポイントで適切な臨床像を描くことは難しいので、仮説を棄却しながら絞り込んでいく。よくおこなう方法としては自分の感覚と真逆の仮説をあえて立ててみる、というものがある。例えば妻思いの素敵な人だな、と感じているのであれば、あえてそれが虐待を隠す仮面をかぶって演じている、というように相反する仮説を立て、だとすればどんなところにその兆候が現れるかを考えて検証していく、ということである。意図を持って情報を吟味しないと意味づけは難しい。同じ事実でも全く異なる意味づけをすることすら可能である。また、援助者の思い込みや決めつけを排除するためにも仮説思考に基づく試行錯誤が重要である。

領域B（問題の構造）の展開：問題の構造を理解する

　次に、領域B（図3-6）では、領域Aで検証した臨床像を土台に、問題に関する情報を収集し、問題を分析、統合して何が問題なのかを把握していく。ここでも「いつから、どうして問題になっていったのか」、という現在から過去にさかのぼる視点①と、「何でどうして今の状況ができあがったのか」という過去から現在に至る道筋をたどる視点②の二つを用いて見立てていく。ここでは問題を時系列で捉えて問題そのものよりもむしろそ

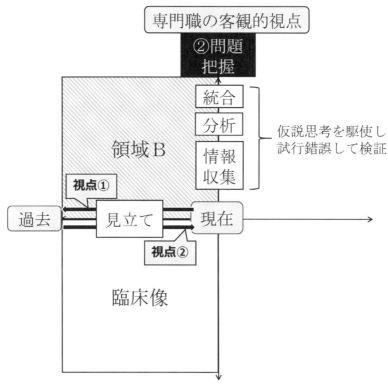

図 3-6　領域Ｂ（問題の構造）の展開

の問題が問題になっていったストーリーを意識するとよい。これは、この先で問題解決を指向していくときに重要な、ストレングスを見いだしたり、解決を阻んでいる壁を見いだしたりする際に非常に役に立つ。

　問題の構造を考える際にも、臨床像の構築と同様に仮説思考を用いて試行錯誤しながら検証し積み上げていく。ここで注意が必要なのは誰にとっての問題であるのか、つまり主語は誰か、である。問題の表面だけを捉えるのではなく、「何が、誰にとって、どう問題であるのか、いつから、何がどうして問題となっていったのか」を言語化していく。問題の見立ての精度を左右するのが臨床像の深さであり、領域Aでの検証が不十分だと問題の把握も見立ても甘いものになってしまい、主観的ニーズが描けなくなる。本人が「何をして、どう生きて今に至るのか、何を感じてどうしたいのか」が描けていることが前提となる。

　ここで、領域Aと領域Bでおこなう「見立て」で大切なことを改めて整理しておこう。

<領域A（臨床像）で達成すること>
領域A（臨床像）で達成することは対象者理解と主観的側面への見立てによって臨床像を描くことである。具体的には、過去と現在をつなぎ、本人は何をして、どう生きて今に至るのかを把握し、今何を感じ考え、どうしたいのかを理解することである。

<領域B（問題の構造）で達成すること>
領域B（問題の構造）で達成することは問題の把握と客観的側面への見立てにより、その構造を理解することである。さらに問題の構造化を図るプロセスで問題の過去と現在をつなぎ、いつから、何がどうして、どうなって問題となっていったのか、何が、誰にとっての問題なのかを理解し、客観的問題と主観的ニーズを区別して、個別化したニーズを描くことである。

領域A（臨床像）と領域B（問題の構造）の関係

　領域Aと領域Bの達成課題がクリアされ全方位型アセスメントが完成した状態を示すのが図3-7である。

　全方位型アセスメントとは、領域Aで臨床像が完成し、領域Bで問題の構造的理解が、それぞれなされることで立体的に立ち現れるものである。本人の主観的視点に基づいて臨床像を描くため、本人の主観に寄り添いつつ、かつ「問題」とされる状況がどのように構築されてきたのかを客観的視点に基づき理解する意図を持つことで、問題の構造が捉えられる。臨床像と問題の構造が描かれれば、本人を取り巻く多くの問題から客観的問題と主観的ニーズが区別できるようになり、両者の位置関係がわかるようになる。両者のずれが大きい場合にはすり合わせて合意できるポイントを見つけ出そう。このように個別化したニーズを描いていくことは、全方位型

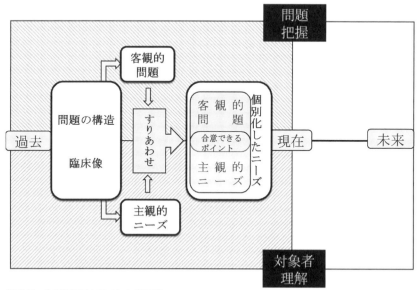

図3-7　全方位型アセスメントの完成

支援を展開するうえで重要なポイントであるため、再度3章1節の「主観的ニーズと客観的問題のすり合わせによる共同決定」図3-2「主観的ニーズと客観的問題（規範的ニーズ）の位置関係と支援の状況」を参照してほしい。

　この二つの領域の達成課題をクリアすることによって全方位型アセスメントが完成したことになる。問題解決に取り組むにはこれらを言語化して表現できるかが問われる。臨床像を土台として問題の構造を明らかにすることで、問題の主観的側面・客観的側面、解決を阻む壁としての課題が見えるようになる。

4節　全方位型支援の展開
──領域C（客観的問題）と領域D（主観的ニーズ）

全方位型アセスメントを土台とした手立ての構築

　全方位型アセスメントによって臨床像と問題の構造を描いたら、それを土台として問題解決のための手立てを構築していくことになる。ずいぶん遠回りをしているように感じるかもしれないが、全方位型アセスメントをおこなうことには以下のようなメリットが挙げられる。まず、臨床像が検証されているために主観的ニーズにも成解を得ることができ、本人に届く支援が可能になる。さらに問題を構造的に捉えているので、表面的な問題に引きずられることなく、理想への到達を阻んでいるものが見えやすくなり、課題の明確化がおこないやすくなる。その結果、未来に向けて本質的解決を図ることができる。

　手立てを構築するためには「問題」を構造的に捉え、何をどうすれば理

想的な状態に近づくのか、理想への到達を阻んでいるのは何かを考え「課題」を切り出していく必要がある。取り組みの対象としての課題が明確化されて初めて援助が実行できるようになり、本人や家族の主体的取り組みが始まる。

手立てを構築する手順

次に、手立てを構築する手順について見ていこう。手立ての構築を４つのプロセスとしてまとめたのが表3-1である。

領域Cでは、専門的見地による客観的問題を解決に導く手立てを構築し、領域Dでは本人の主観的ニーズを解決に導く手立てを構築することになる。４つのプロセスを順に見ていこう。

第１のプロセスは、課題の明確化と整理である。問題の構造が把握でき、

表3-1　手立てを構築する手順

１：課題の明確化と整理 臨床像と問題の構造を元に問題が解決した未来を描き、その未来への到達を邪魔するものを課題として明確化する 構造が類似している問題やニーズを束ね共通する大きな課題を見つけ出す **２：ストレングス把握** 問題解決やニーズの充足に活かせる本人や環境のストレングスを把握する **３：合意形成と役割分担** 課題への合意形成をはかり役割分担をおこなう **４：手立ての構築** 解決に役立つストレングスを選び、不足する分には必要な支援を用意して手立てを構築する

個別化したニーズを描けていれば課題は見えやすくなっているはずであるが、事例検討などで比較的短時間で手立ての構築をおこないたい場合は、構造が類似の問題、対応方法が同じ問題を束ねることで共通する大きな課題を見つけ出していく方法も有効である。事例検討の司会進行役やスーパーバイザーとしての役割を果たす人にとってはこの問題から課題を切り出していく力は非常に重要であるため、第6章でも再度取り上げる。

第2のプロセスは、問題解決やニーズの充足に活かせるストレングスの把握である。本人が主体的に問題解決に取り組めるかどうかは、ストレングスの活用がカギを握る。そのため手立ての構築にあたり、全方位型アセスメントで描いた臨床像と問題の構造を活用して本人や環境のストレングスを見つけ出し、その中から課題解決に活かせそうなものを取り上げて手立てにつなげていく。ストレングスの把握については、2章3節が参考になる。

第3のプロセスは、合意形成と役割分担である。多職種間で全方位型支援に取り組む場合、単純に情報を共有するだけでは連携は成立せず、直面している問題が本人にとってどんな意味を持つか、という意味づけも含めた合意形成と、それを解決するために取り組む課題に対しての役割分担を行動レベルで表現することが必須となる。役割分担まで明瞭に言語化され合意が得られていればチーム内での齟齬が生じるリスクは非常に少なくなり、誰が担うべき役割であるかも納得しやすくなるため、役割の押しつけ合いも生じにくくなる。

第4のプロセスは、手立ての構築である。明確化された課題とストレングスを結びつけて、自立（本人のストレングスの活用）を目指した手立てを構築していく。課題に対してどうしても手立てがない場合などは、そのこと自体が「課題解決のための資源がない」という地域課題となり、本人の課題とは分けて地域ケア会議で取り扱うことになる。手立てをはっきりさせてから誰が担うかを決めるほうがスムーズな場合には第3と第4のプロ

セスは順序を入れ替える場合もあるが、その場合でも課題への合意形成は先におこなうほうがよい。このあたりは事例検討の展開を説明する6章で再度詳しく述べる。

領域C（客観的問題）：客観的問題への手立て

　領域Cでは、問題の構造と専門職の客観的視点に基づき、未来に向けて客観的問題を解決する手立てを構築していく。その際に重要になるのは、課題を明確化しストレングスの把握と活用することである。これらを意識することで客観的問題に対しての手立てを構築していく。この際に、支障なく生活できていた頃の対応や、これまで対応してこなかった事柄のなかに解決のカギがあることも多いため、問題の構造における「問題の歴史」に注目する。本人や周囲の環境だけでは課題の解決が困難な場合には、外部の新しい資源を導入して必要な支援を展開することになる。地域の医療や福祉の状況によってはこの外部から解決を支える力が不足していて、必要な支援が提供できないことも生じる。これらは本人や家族に課すべき課題ではなく、支援する側の課題であるので、混同しないように注意が必要である。支援者側の課題は地域ケア会議などの場で別に対策を講じていくことになる。

領域D（主観的ニーズ）：主観的ニーズへの手立て

　領域Dでは、問題の構造と対象者の主観的視点に基づき未来に向けた問題解決の手立てを構築していく。ここでは課題の明確化とストレングスの把握と活用が領域C以上に重要になる。なぜなら客観的問題はある程度標準化して捉えることも可能だが、主観的ニーズは本人の文脈に沿ってしか描くことができず、千差万別だからである。そして、主観的だからこそス

トレングスを解決に活用することが重要になり、それによって本人が主体的に関わる度合いが左右される。

　全方位型アセスメントを土台として領域Cと領域Dで手立てを構築し、全方位型支援を展開する状態を示したのが次の図3-8である。

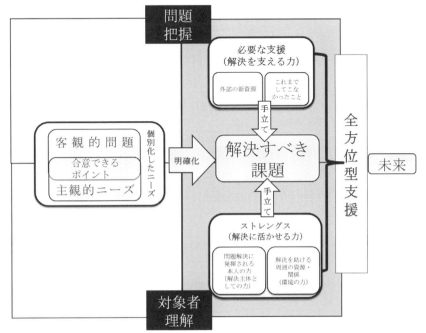

図3-8　全方位型支援の展開

領域C（客観的問題）とD（主観的ニーズ）の境目・比較

　客観的問題と主観的ニーズは明確に区別されるわけではなく、病気の治療などのように、客観的問題（治療を必要とする状況）と主観的ニーズ（治りたい）が重なり合うことも多い。両者が重なっている場合には特にトラブルは生じず、専門職主導で客観的問題を解決すれば主観的ニーズも同時に充足される。しかし、客観的問題と主観的ニーズにずれがある場合、例

えば治療上は患部を全て摘出したほうが完治する可能性が高くても本人が宗教観、美的感覚、価値基準などによってその治療を拒否するなど、命より優先度の高いニーズを持っているときに援助者がその主観的ニーズに意識を向けずに支援をしようとした場合、大きなトラブルになる。専門職にとって客観的問題を見つけ出すことはさほど難しくはないため、見つけた問題にすぐに対応しようとしがちである。一方で主観的ニーズは意図して見つけ出そうとしないと見えないことがあるため、支援の実施においては領域D（主観的ニーズ）への意識を常に持つ必要がある。

　領域Cと領域Dを比較してみると、以下のような差異がある。

表 3-2　領域Cと領域Dの比較

領域C（客観的問題） ：専門的見地による客観的問題を 解決に導く手立ての構築	領域D（主観的ニーズ） ：本人の主観的ニーズを 解決に導く手立ての構築
客観的	主観的
科学的	個別的
倫理的	情緒的
検証され標準化されたスタンダードな方法	仮説思考によるオーダーメイドな方法
事実重視	本人にとっての真実重視

　領域Cは客観的で科学的であり、専門職の関わりも倫理的である。対応方法も標準化されたスタンダートなやり方が用いられ、事実重視である。一方領域Dは主観的で個別的であり、専門職の関わりも時には情緒的で、対応方法としては仮説思考に基づくオーダーメイドな、対象者本人にとっての真実を重視するやり方を用いる必要がある。

　領域Cのみを考慮して援助を展開した場合、専門職としてはできることを全てやっているのに本人が納得しない、際限なく要求が出てくる等の、援助者としてはこれ以上どうしようもないと感じる状況が生じることがあ

る。その多くは領域Dへの対応が欠落し全方位的な支援になっていないことが原因である。逆に領域Dのみを意識して援助を展開した場合は、当然考慮して対応すべき事柄が欠落し健康が損なわれる、生活の基盤が大きく崩れるなどの危機が生じ、結果として主観的ニーズの充足も遠のいていることが多い。この場合も全方位型の支援は成立していない。領域Cと領域Dで客観的問題と主観的ニーズの両方を捉え、全方位型の支援を進めることを意図しなければならない。

領域Cと領域Dは性質的に相反する要素が多く、両方の領域を得意とする人は非常に少ない。このあたりは解決困難事例を読み解きスーパーバイズできる人材が少ないことと通底する。

いずれにせよ全方位型支援を展開するには、個人の職人芸で突破するのではなく、それぞれの領域を得意とする人を集めて集合知での解決を目指すことが得策である。

多職種がそれぞれの得意分野を用いて協働する機会が増えることで、自分が苦手とする領域の知見を得意な人から得ることができ、その結果として苦手領域の力を向上させることもできる。地域のどの機関が、誰が、どんな強みを持っているのか、どう依頼すればよいのかを知れば、よりよい全方位型支援につながっていく。

全方位型支援の完成

主観的ニーズと客観的問題の両方に手立てを構築することで全方位型支援が成立する。複合的な問題が絡み合った解決困難事例ではどうしてもできない理由に目が行きがちであるが、全方位型アセスメントをベースとして課題の明確化とストレングスの把握をおこなうことができれば、実行できそうな解決策から一歩を踏み出すことができるようになる。小幅な、しかし確実な一歩を理想とする未来に向けて積み上げていくプロセスで、本

人や援助チームを含めた周りの人たちもエンパワーメントされ、解決に向けた力が向上していく。

4章　全方位型アセスメントを用いた4つの領域で捉える全方位型支援の実際

　本章ではいよいよ、全方位型アセスメントの展開について詳細な説明をおこなっていきます。

　本章で学べること

・全方位型アセスメントの展開方法
・領域A（臨床像）における臨床像の描き方
・領域B（問題の構造）における問題の構造の理解の仕方
・全方位型アセスメントを土台とした手立ての構築の仕方
・領域C（客観的問題）における客観的問題への手立ての構築の仕方
・領域D（主観的ニーズ）における主観的ニーズへの手当の仕方
・全方位型アセスメント・全方位型支援が必要とされる理由
・全方位型アセスメント・全方位型支援の特徴と活用される場面

1節　具体例を通じて考える全方位型アセスメントと全方位型支援

ここからは具体例で全方位型アセスメントと全方位型支援を見ていこう。

全方位型アセスメントを用いないとどうなるか？

　以下では、部屋の中や敷地内部、その周辺にまでゴミが散乱して、周囲との関係性が悪くなっている、いわゆる「ゴミ屋敷」を例に挙げ、全方位型のアセスメントをおこなわないことでどのような問題が生じるのか、検討してみよう。

　「ゴミ屋敷」の場合、その場に立って見ただけでも、匂いを嗅いだだけでも問題状態にあることは明白で、片づける必要があることがわかる。さらに、悪臭や虫の発生、倒壊の危険性など周辺住民に実害も生じていて、その中で生活することは本人にとっても健康に悪影響であり、理想とかけ離れた生活状況であることはすぐにわかる。こういった状況であれば、多少強制的にでもゴミを撤去し処分するという行為は、当人にとっても周囲にとっても明白な問題状態への対応であると思えるため、客観的問題へ即応しようと人手をかき集めて掃除しゴミを捨てる、という対応をしがちである。

　多くの場合、解決に至らないゴミ屋敷問題は、屋敷の主に問題があるとされる。しかし、全方位型アセスメントの視点で捉えると、当人以外にも多くの問題が生じていることが見てとれる。これまで説明してきた全方位型支援の枠組みでこの状況を捉え直してみると、以下のような援助上の問題点が見えてくるだろう。

領域A（臨床像）における援助上の問題点
・対象者の主観的視点がないので対象者理解が深まらない
・対象者理解が不足しているためストレングスも見えてこない
・臨床像が検証されないので本人に届く支援ができない

領域B（問題の構造）における援助上の問題点

・目に見えている問題の解決ありきで問題の構造を捉えていないので、見えている問題に引きずられやすく複合的な問題には手が出ない
・問題構造へのアプローチができないので根本的解決に至らない

領域C（客観的問題）における援助上の問題点
・客観的な問題は明確で、実害もあるので客観的問題への手立てはとれるものの、それゆえに他の問題に目が向きにくい

領域D（主観的ニーズ）における援助上の問題点
・主観的領域への目配りがなく主観的ニーズへの手立てがとれない

　このように、全方位型アセスメントが未完成な状態の場合には、4領域のうち領域C（客観的問題）のみで問題を把握し対応していることがわかる。これでは主観的ニーズへの成解が得られず、したがって全方位型支援になり得ないため、よりよい未来には届きそうにないことがわかる。
　先に述べたように領域Cへの対処だけでも援助が上手くいくケースはあり得る。それは病気の治療のために本人が来院したケースなど、主観的ニーズと客観的問題の一致度が「偶然高い」場合である。専門職が客観的に把握した問題との一致度が高く、両者の差違が少ない場合は、ことさらすり合わせをせずとも客観的問題に対処すれば主観的ニーズにも届くことになる。逆に支援困難の典型例の一つである受診拒否のケースなどでは、一致度が低く、客観的問題と主観的ニーズの差違が大きいために、周囲がいくら受診を勧めても本人の主体的行動にはつながりにくい。ゴミ屋敷の例に戻っていうのであれば、本人が片づけたいと思っているけどそれができないという状態の場合に限り、領域Cのみでの対応でも上手くいく、ということになる。
　逆に、全方位型アセスメントが不十分で主観的ニーズと客観的問題に偶然の一致がない場合（そのほうが多いのだが）、本人のニーズが充足されな

いために、一時的に表面的問題は解決しても時間が経てば元の木阿弥になってしまう。ゴミ屋敷問題の根本的解決が困難だとされるのは、本人の主観的領域への無関心と、全方位型のアセスメントがおこなわれていないことにより、全方位型支援が成立していないことが背景にあると考えられる。

「ゴミ屋敷問題」を全方位型アセスメントで捉えてみる

さて、この事例を全方位型アセスメントや全方位型支援で捉え直してみよう。まずは表面に見えている「ゴミ屋敷」という状況を、臨床像を描きながら本人の主観的視点から見る必要がある。そうすることでこの問題を本人の目線で捉え直すことができるようになる。

領域A（臨床像）の捉え直し：対象者理解を深める

「５年前にアルツハイマーと診断され、２年前から重度化している。夫が主介護者として物心両面で適切に支えてきたが２年前死去し独居になった女性。ゴミのことを気にかけて訪問した支援者に、本人は「自分でやってます」「大丈夫です」と言い張る」という事前情報があったとしよう。ここから対象者理解と見立てを深めるために、例えば以下のような問いかけをすることで臨床像仮説を構築し検証していく。

・この人はどういう人でどう生きてきたのか？（図3-5 現在から過去への視点①）
・元々ずぼらな人なのか？ 認知症になる前の性格や価値観は？（同じく視点①）
・「自分でやっています」「大丈夫です」という本人の発言への意味づけは？

こうした情報について知っている可能性のある息子に確認してみたところ、本人の主観につながるような情報をいくつか得ることができた。

・息子曰く、しっかりものの母で「きちんとしなさい」「人に迷惑をかけてはいけない」が口癖だった（同じく視点①）
・人付き合いもよく、町内会の活動にも欠かさず出ていた（同じく視点①）
・認知症発症後数年はほとんど問題が起きず、ここ最近になってゴミをため込むようになってきた（図3-5　過去から現在への視点②）
　このように掘り下げたなかから、次のような仮説が浮かぶ。

＜領域A（臨床像）の仮説＞
他人の目を意識し、キチンとしよう、迷惑をかけないようにしよう、という規範で生きてきた人。認知症発症後は夫が上手く支えていて問題が表面化しなかったが、夫の死後上手くできないことが増えた。

　これまで目を向けなかった領域Aに関する情報を整理し、仮説を立てたものを図に落とし込むと次頁の図4-1のようになる。

　領域B（問題の構造）の捉え直し：問題を掘り下げる思考過程

　仮説とはいえ臨床像が浮かんでくると、問題を掘り下げていく切り口が生まれてくる。問題を掘り下げ、構造を把握していく思考過程を図式化したものが図4-2である。

　領域Bでは単に見えている問題について思考するだけではなく、現在から過去にさかのぼって「なぜ」「いつから」現在の状態に至っている

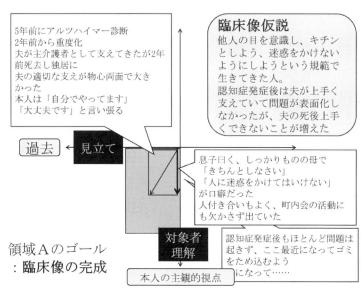

図 4-1　臨床像仮説

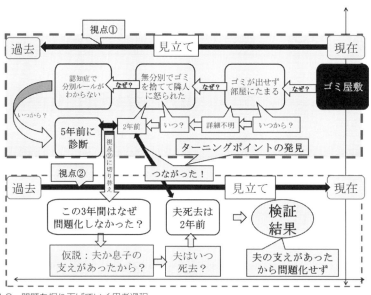

図 4-2　問題を掘り下げていく思考過程

のか、現在から過去への見立てを深める視点が必要となる。さらに、「なぜ（Why）」「いつから（When）」だけでなく「誰が／と（Who）」「何を（What）」「どのように（How）」「どこで（Where）」と5W1Hの問いの形式で、問題を掘り下げていく過程で生じる疑問を仮説的に検証し、問題を見立てることで、問題の構造の要素である①問題の特徴、③問題の歴史を明らかになる（40頁参照）。

　このような見立てをおこなうと、2年前の夫の死が契機になっている可能性が見えてくる。そこからさらに、夫の死から現在までをたどってみることで過去と現在をつなぐアセスメントが深まっていく。具体的には以下のような形である。

　・夫の死後に生じた出来事を検証してみる（過去から現在への視点②）
　・分別せずにゴミ出しをして隣人に怒られた時期と夫が亡くなった時期
　　が一致することがわかる（現在につながるターニングポイントの発見）

　このように見ていくと、認知症発症後も夫の支えのもと生活できていたこと、その死によって生活維持が困難になった仮説が一定の整合性を持つことになる。そうなれば、夫が果たしてきた役割を補完するプランを盛り込むことが解決につながる、という見通しを立てることができる。このように過去と現在をつなぐアセスメントは、未来へ向けたケアプランを立案するうえでの、必要不可欠な土台となる。過去から現在につながる道筋を見つけ出し、これからとる対応をプラン化して理想の未来を描くのが全方位型支援の特徴の一つである。今回の例を用いてその道筋を示したのが図4-3である。

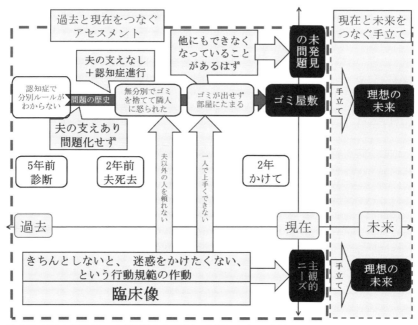

図 4-3　過去から現在につながる道筋の検証と、理想の未来への展開

　この例における臨床像と問題の構造をまとめると、次のようにいえるだろう。

> 臨床像：人に迷惑をかけない、きちんとするという行動規範で人間関係を作ってきた。認知症発症後は夫を上手に頼り社会生活を成り立たせてきたが、夫以外の人には行動規範が邪魔をして折り合いをつけられなかった。
>
> 問題の構造：本人のできない部分を補う存在の不在、できないことを表に出したくないためにゴミ屋敷化、人付き合いが希薄化している。きちんと分別してゴミ出しをして、周りの人に迷惑をかけず、ちゃんとした人として認められたいが一人では上手くできない。

このような臨床像に基づく問題の構造的理解を「見立てる」ことが可能になってこそ、その臨床像と問題の構造に対応した「手立て」を打つことも可能になる。逆にいえば、「手立て」が上手くいかないケースとは、「臨床像」と「問題の構造」のどちらか、あるいは両方の「見立て」が不十分である、あるいは欠落しているからこそ、上手くいかないのである。その時に「多問題家族・困難事例だから上手くいかない」と相手のせいにしたり、問題の原因を個人に求めたりしてはいないだろうか？　そうではなくて、支援者の「見立て」の不足やスキルのなさが、「困難」を生み出している場合がしばしばあるのである。

改めて、領域Bで描いた問題の構造を図4-4で示す。臨床像が描かれ、今起きている問題だけでなく、過去から現在に至る道筋を理解することで問題の構造が描かれれば、「ゴミをため込むやっかいな人」という単純化

図 4-4　領域Bで描いた問題の構造

した問題把握にはならず、「ゴミを強制撤去」という対応にもならず、本人も地域住民も納得できる成解が描けることがわかるだろう。

客観的問題と主観的ニーズの比較（領域C（客観的問題）と領域D（主観的ニーズ）

　同じ問題を見ていても、臨床像を描いたうえで問題の構造的理解ができていると、ゴミ屋敷の状態は夫という支えを失ったことの結果の一つであり、たまっているゴミを一掃するだけの対応プランは表面に見えている客観的問題にしか対応できておらず、根本の問題である、「本人のできない部分を補う存在の不在」への手立てが考えられていないことがわかる。さらには、主観的ニーズについての手立てがないことにより、拒否や再発が懸念され、それによって今後まだ表面化していない新たな問題が発生してくることも容易に想像できる。このケースにおける客観的問題と主観的問

表4-1　このケースにおける客観的問題と主観的問題とニーズ

客観的問題	本人の主観的問題とニーズ
・ゴミ屋敷状態 ・悪臭や虫の発生 ・上記への近隣住民の不満	・無分別で出して怒られた過去がある ・きちんと分別したいが一人ではできない ・ちゃんとゴミ出ししたいが一人ではできない ・夫が果たしてきた役割を受け継いだ人がいない
たまってるゴミを一気に片づけ、捨てるのは表面に見えている客観的問題への手立て 領域Cのみで捉えていて根本の問題にアプローチできていないのでまたゴミはたまる	主観的問題への手立てが考えられていないので、拒否や再発が危惧され、表面化していない問題が炸裂する恐れ

題とニーズを示したのが表4-1である。このように対比してみると、客観的問題への対処だけでは解決し得ないことが容易にイメージできるであろう。

　この事例の場合、外から見えやすい「ゴミ屋敷状態」「近隣住民の不満」というのは一見客観的問題に見える。しかし構造的に捉えた場合にはそれらは「きちんと分別したいが一人でできない」「無分別で出して怒られた過去がある」ことが作用し、それにより「ゴミが出せなくなった」結果であることがわかる。見えやすい問題に対処しようとしてもそれは、主観的ニーズである「ちゃんとゴミ出ししたいが一人ではできない」にはつながっていかない。さらに「夫が果たしてきた役割を受け継いだ人がいない」という見えざる重要な問題が潜んでいることが全方位型アセスメントから見えてきた。そして、これまで主観的ニーズへの手立てが考えられてこなかったため、単にゴミを片づけるだけのアプローチでは、拒否や再発が危惧されるということも浮かび上がってきた。

問題が解決した未来の比較

　主観的領域への視点があることで、援助によって目指すゴールも変化する。客観的問題と主観的ニーズ、それぞれのゴールを示したのが表4-2である。主観的ニーズの充足も含めたゴールを目指すことで、暮らしのクオリティに大きな差が出ることがわかるであろう。領域Cの「客観的問題が解決した未来」とは、ゴミ屋敷が解消した状態であり、それは誰にもわかりやすい。だが、それに加えて領域Dの「主観的ニーズが充足した未来」に目を向けるならば、近隣住民との関係性の修復や、本人が望む自らのあり方である「きちんとした人として認められる」「夫が果たしてきた役割が受け継がれる」というニーズの充足がゴールとして設定され、それが達成されるならば、結果的にゴミの問題も解消していくだけでなく、本人の

表 4-2　問題が解決・ニーズが充足した未来の比較

領域 C：客観的問題が 解決した未来（理想のゴール）	領域 D：主観的ニーズが 充足した未来（理想のゴール）
・ゴミ屋敷状態の解消 ・悪臭や虫の発生の解消 ・上記が解決することによる近隣住民の不満解消 ・再発防止	・近隣住民とよりを戻す ・誰かに手伝ってもらってきちんと分別でき、ちゃんとゴミ出しができる ・「きちんとしている人」として認められる ・夫が果たしてきた役割が受け継がれる
たまっているゴミを一気に片づけ、捨てれば、一時的には達成可能だが、主観的領域も含めた理想のゴールはもっと先	ゴミがたまらないことがゴールではなく、きちんとゴミが捨てられ、近隣と上手くやれることがゴール

満足度やＱＯＬの高い支援が展開される可能性も高まる。

ストレングスを見いだす視点

　続いて、ストレングスを見いだす視点についても考えてみよう。領域Ｃと領域Ｄにおけるストレングスに向けられる視点を表したものが表4-3である。

　領域Ｃでは、特に本人がゴミの片づけに拒否的な場合、周囲の迷惑を解消することに主眼が置かれ、本人のストレングスが見いだしにくく、活かしにくい。その一方、領域Ｄ（主観的ニーズ）では全方位型アセスメントによって本人の臨床像に根ざしたストレングス（人を気遣う、ちゃんとしたい、関心を持つ隣人がいる、等々）が見いだされる。すると、それを活かした手立てにつなげることができる。しかし、全方位型アセスメントが不十分で臨床像が描かれていない場合、領域Ｃの専門職による客観的思考のみではストレングスは見いだせず、無理矢理見いだそうとしても一般論的な

表 4-3　ストレングスを見いだす視点

領域 C：客観的思考	領域 D：本人の主観も含めた思考
・全方位型アセスメントがなされておらず、臨床像が描かれていないので、本人のストレングスが見いだされない ・無理矢理見いだしても、対象者理解が浅いので、本人の主観的ニーズに届かない	・認知症が進行しても人を気遣う気質、ちゃんとしたい思いがある ・きちんとしていた本人を知り、夫に変わってその思いを達成できる（可能性のある）息子が近くにいる ・関心を持ち声をかけてくれる隣人がいる
〈結果〉 全方位型アセスメントにより臨床像の構築ができていると本質に根ざしたストレングスが見いだせる	

底の浅いものになり、本人の主観的ニーズには届かない。本人がどうありたいか、どう生きていきたいかは極めて個別性の高い事象であり、多くの援助において「たまたま相性のよい援助者とめぐり会えた場合」のみ、主観的領域が無意識に考慮された支援が展開される。それはあくまで幸運な偶然であり、そういった幸運が作用した場合ですら本人の主観的ニーズは言語化されず、援助チームのなかでストレングスとして共有されることもない。

手立ての比較

　最後に、表4-4で手立てを比較してみると、ストレングスを活用した支援があることで、支援が深まり具体化していることがわかるだろう。

　なぜ「ゴミを一掃する」「片づけた後はヘルパーがゴミ出しをおこなう」という手立てだけではだめなのか。それは、「自分でやってます」「大丈夫です」という本人の主張を無視しているからである。さらにその背後にある「きちんとしている人として隣人に評価されたい」という本人の主

表4-4　手立ての比較

領域C：客観的問題を解決する手立て	領域D：主観的ニーズが充足する手立て
・人手を集めてたまっているゴミを一掃する ・片づけた後は介護保険を利用し、ヘルパーによるゴミ出しをおこなう	・隣人に分別への協力を依頼し、本人と一緒に捨てに行ってもらう ・資源ゴミはヘルパーと一緒に分別をおこなう ・生ゴミはヘルパーが捨て衛生管理をする
〈結果〉 「自分でやってます」「大丈夫です」という本人の主張を<u>無視しているので、拒否される可能性あり</u> 大掃除は受け入れても、介護保険利用を拒否して、数年後にはまたゴミ屋敷になる恐れ	〈結果〉 ストレングスが活用され、人に迷惑をかけないようにちゃんとゴミを捨て、「きちんとしている人」として隣人に評価される

観的ニーズもないがしろにされているからである。それでは支援者は本人にとっての味方にはなり得ず、むしろ自分の願望を崩す敵として認識され拒否されてしまう。そうではなくて、本人のストレングスを活用し、そのストレングスに沿った形で主観的な問題も解決する「手立て」を一緒に考えることで、「解決困難事例」とラベルが貼られたものが、解決可能なケースに変わっていくのである。

全方位型支援と客観的側面のみの支援の比較

ここまで見てきた客観的側面のみの支援と、全方位型支援の対比を表4-5に示す。全方位型支援ができた場合と、客観的側面からのみの支援の場合とでは、とれる手立てと結果に大きな差が生じる。全方位型支援ではまだ表面化していない問題についても予測し、予防的対応をとることまで

表4-5　全方位型支援ができないとどうなるか？

客観的側面のみの支援	全方位型支援
・問題を構造的に捉えられておらず、主観的問題への手立てもないので、表面に見えている「ゴミ屋敷状態」以外は対応できない ・予防的対応がとれず重度化する、問題が発生するたびに振り回され、関係者が疲弊する	・夫が果たしてきた役割が引き継がれていない、という構造的理解があるため、分別・ゴミ出し以外にも夫が関与してきた部分に表面化していない問題が隠れていることが推測できる ・予防的対応が可能になり重度化してからの対応に追われずにすむ

〈結果〉
全方位型支援では、まだ表面化していない問題にアプローチでき予防対応が可能

可能になる。しかし、客観的側面のみでの対応は、関係者の経験値が高く手立てが潤沢にない限り、表面化している問題以外には対応することはできず、新たな問題が発生するたびに関係者が振り回され疲弊することになる。つまり、全方位型支援であれば事前の予防的対応が可能になり、重度化してからの事後的な対応に追われずにすむ、とも整理できるだろう。

別の事例で考える：こだわりが強くて聞き入れない場合

　ここまで、ゴミ屋敷問題を例に考えてきたが、さらにいくつかのケースを挙げて補足をおこなってみる。例えばコレクションをため込んで整理がつかないようなケースや、説得できず支援への同意が得られないケースである。

　コレクター気質の夫が妻には理解できないコレクションをため込んでいる。整理できずあふれている状態に業を煮やした妻が、無断で処分したとしよう。もちろん大げんかに発展してしまうわけだが、ここで足りなかったのは夫の主観的側面への理解といえる。コレクションを無断で処分する、

というのは表面に見えている問題に即応する行為である。妻の側から見れば、同じようなガラクタがいくつもため込まれ、部屋中に散らばっている状態はあきらかに「問題」であろう。何度言っても片づけようとしない夫に腹を立てて実力行使をおこなった、ともいえる。しかし、夫の主観的側面から見た場合はどうであろうか？　実は、「ゴミと見なし片づける」ことが新たな弊害を生じさせる可能性が高い。

　同じため込み癖といっても、「拾って歩く系」のケースは「ゴミを捨てられない系」よりもさらに対応が難しい。周囲が片づけを提案しても、本人が主体的に拾集しているため「大事なものだ」「値打ちものなんだ」と聞く耳を持ってくれない場合も多い。法律的にも、ゴミ捨て場から持ち出す行為を止めることはできても、すでに持っているものを強制的に処分させることは強制代執行などの手続きを踏む必要があり、費用負担の問題もあって難しい。客観的問題に即応しようとしても同意が得られないと、援助者としては打つ手なしで途方に暮れてしまい、対応のしようがないケースというのは非常に負担感が強くなる。説得に応じてくれない、という点が先ほどのケースよりさらに難易度を上げる、援助者泣かせのケースとも

表 4-6　客観的問題と主観的ニーズの比較

客観的問題	本人の主観的ニーズ
・ゴミ屋敷状態 ・片づかない ・整理できない ・生活空間を圧迫する	・俺の大事なものを理解してくれない ・価値をわかってくれない ・一方的にことを進められてしまい蚊帳の外
〈結果〉 捨てれば一気に解決する。 なんとかして説得しよう！ 領域Cのみで捉えていて根本の問題にアプローチできていないので同意を得られない	〈結果〉 主観的ニーズへの手立てが考えられていないので、拒否され次に打つ手が見つからない。 領域Dで捉えないと、成解にたどり着けない

いえるであろう。ここでも主観的側面への理解がカギとなる。

　ここで、全方位型アセスメントの視点に立って状況を見直してみよう。主観的ニーズと客観的問題を対比させたのが表4-6である。

　カギとなるのは「本人にとっての価値」への対応があるかどうかである。対応方法としては同じ片づける（捨てる）、であったとしても、その前提に本人にとって「価値あるものである」という合意があり、その価値あるものをどうするか、という課題を本人と共有できているかどうかで大きな違いが生じる。領域Cのみで捉えてしまうと、本人にとっての根本の問題にアプローチできていないので、同意を得ることができない。それどころか援助者側の対応が「自分を理解してもらえない」という新たな問題まで生み出してしまっている。領域Dへの手立てを含めて考えていかない限り、こういったケースへの成解は導けないであろう。主観的側面に即して考えれば、整理できなくなっているコレクションを、価値のわかる誰かに引き継いでもらう、活かしてもらう、といった対応を思いつくこともできる。本人のストーリーに沿った解決策の提案が成解になっていくことが期待できるであろう。

全方位型アセスメントの重要性

　専門職の客観は「決めつけ」になる危険を常にはらんでいる。客観的問題と主観的ニーズが一致していれば大きな離齬は生まれないが、ずれがある場合はすり合わせが必須となる。どうしても援助が上手く入っていかない場合には、ずれが生じていることが多いので、領域A（臨床像）・B（問題の構造）を丁寧にたどり直してみることが有効である。手詰まりを感じている支援でも主観的側面も含めて考えればこれまでの「支援」の枠組みを広げることができるようになり、従来の「支援」の価値基準や縦割りの仕組みでは「支援困難」とされてきたケースに届く成解が得られるように

なる。

　例えば受診拒否、援助拒否、虐待、免許返納などの問題などは特に主観的側面が強く作用している。そういう専門職としての客観と、当事者の主観をどう統合していくかが問われる場面で全方位型支援の考え方が役立つ。

2節　さまざまな援助場面での全方位型アセスメントの活用

　ここまで説明してきたように全方位型アセスメントは、従来のアセスメントよりも広く深い対象者理解に基づき、何が本人にとってのニーズであるかを見極めていくため、幅広い範囲での活用が可能である。全方位型アセスメントが特に生きる場面、必要とされる場面について以下に説明していく。

制度改定で必要とされる全方位型アセスメント

　2000年に介護保険制度がスタートし、ケアマネジメントの重要性が強く認識された。2005年には地域包括ケアシステムという概念が示され、翌2006年に地域包括支援センターの設置が始まり、その業務の一つに総合相談支援業務が位置づけられた。地域包括支援センターは介護保険制度に位置づけられていたが、総合相談支援業務においては初期相談におけるインテーク・アセスメントをワンストップでおこない、支援体制を構築するという役割が示された。この時点で介護保険制度の枠を超えた全方位型アセスメントの必要性が生じてきた。

　介護保険以外の分野でも、2013年に障害者総合支援法、2015年に生活困窮者自立支援制度がスタートした。特に、生活困窮者自立支援制度におけ

る自立相談支援事業では、相談対象者が多岐にわたるため、本人のアセスメントのみではなく、本人の環境である家族や資産、職場や地域等をもアセスメントする重要性が認識され始めた。

　また、2015年9月厚生労働省は、新たな福祉サービスのシステム等のあり方検討プロジェクトチームを立ち上げ、「新たな時代に対応した福祉の提供ビジョン」を示した。そのなかで「新しい地域包括支援体制の確立、分野を問わない包括的な相談支援の実施」が示された。具体的内容は、「新しい地域包括支援体制（全世代・全対象型地域包括支援）を実現するためには、複数分野の問題や複雑に絡む問題を抱える対象者や世帯に対し、相談支援（対象者や世帯との相談と、それを踏まえて必要となるサービスの検討、プランの作成など）を分野横断的かつ包括的に提供することが求められる。（中略）ワンストップで分野を問わず相談・支援を行うことや、各分野間の相談機関で連携を密にとることにより、対象者やその世帯について、分野横断的かつ包括的な相談・支援を実現するための方策を検討する」というものである。さらに詳しく見ると、①相談受付けの包括化とともに、それのみではなく②複合的な課題に対する適切なアセスメントと支援のコーディネートや③ネットワークの強化と関係機関との調整に至る一貫したシステムであり、④必要な社会資源を積極的に開発していくものとされ、より広く深いアセスメントをおこなわなければ実施できない内容が示されている。

　厚生労働省は新たな時代に対応した福祉の提供ビジョンを具体化するために、2016年7月に「「我が事・丸ごと」地域共生社会実現本部」を立ち上げた。その検討内容の一部を以下に抜粋する。

　　福祉は与えるもの、与えられるものといったように、「支え手側」と「受け手側」に分かれるのではなく、地域のあらゆる住民が役割を持ち、支え合いながら、自分らしく活躍できる地域コミュニティを育成

し、公的な福祉サービスと協働して助け合いながら暮らすことのでき
る「地域共生社会」を実現する必要がある。

　具体的には、「他人事」になりがちな地域づくりを地域住民が「我
が事」として主体的に取り組んでいただく仕組みを作っていくととも
に、市町村においては、地域づくりの取組の支援と、公的な福祉サー
ビスへのつなぎを含めた「丸ごと」の総合相談支援の体制整備を進め
ていく必要がある。また、対象者ごとに整備された「縦割り」の公的
福祉サービスも「丸ごと」へと転換していくため、サービスや専門人
材の養成課程の改革を進めていく必要がある。

　ここで示されているように、他人事を我が事として捉え直してもらうた
めに相談支援者がおこなうべきことは何であろうか。地域で生じる困りご
とを専門職の視点でアセスメントするだけでは、それは「特定の誰かの困
りごと」であって、地域で共に暮らす人たちの「我が事」にはなり得ない。
地域で生きるその人の主観的ニーズとして表現して初めて、「これは自分
にも関係することだ」「自分にも起こり得ることだ」と認識できるように
なる。専門職が判断し、縦割りの仕組みで対処してしまえばそれは地域を
巻き込んだ支援にはならず、住民の当事者意識にもつながらない。領域に
とらわれない丸ごとの支援体制を構築するには、全方位的な視点に立つア
セスメントが求められる。

　総合相談支援と全方位型アセスメント

　このように、市町村において「丸ごと」の総合相談支援の体制整備を進
めていく必要がある。総合相談支援が必要な複合課題を持つ事例として以
下のような者が想定されている。

①要介護高齢者の親と、無職でひきこもり状態にある子どもとが同居している世帯
②医療・就労ニーズを抱えたがん患者と、障害児が同居している世帯
③共働きの世帯であって、親の介護と子育てを同時に抱えている世帯
④障害者手帳を取得していないが、障害が疑われる者
⑤難病指定をされていない難病患者
⑥高次脳機能障害を抱える者

　これらの事例は、単一機関で支援をおこなうのは困難である。
　例えば、⑥の事例で病院関係者だけで退院時のカンファレンスをおこなっても、退院後の「元入院患者」のフォローアップを万全にすることは難しい。本人からすれば気がかりは病気だけではなく、障害を抱えてどう生きていくかという主観的ニーズを持っている。そのニーズを尊重するためには病気の治療だけでなく就労や生活の再構築など、医療機関が支援しにくい、不得意な事柄が大きく立ちはだかる。治療・再発予防・リハビリは医療が担うとして、就労支援については障害福祉部門が、服薬管理については薬局が、生活支援については介護保険部門が、それぞれ力を発揮し、なおかつそれぞれの領域が有機的に連携できていなければ、この本人の地域生活を支えきることは難しい。
　このような状況で複数の専門職や機関が連携するためには、特定領域に偏った情報収集やアセスメントでは不十分であり、全方位的な視点に立ち事例の抱えている問題点を明確にし、解決のための課題を立て、具体的方法を検討し実施する際の役割分担を決定し、行動計画を立案し進捗管理をおこなう必要がある。そのために、多機関、多職種協働による全方位型アセスメントが求められてきた。
　本人理解を深めるアセスメントの重要性はもちろんであるが、それを前提として本人の課題を解決するための具体的方法論（手立て）が立てられ

ないと今後総合相談に従事する者は疲弊することになる。そこで、一握りのカリスマ援助者でなくても訓練を積むことにより実施できるツールとして開発したのが、全方位型アセスメントである。

地域共生社会における総合相談支援体制構築は現在ビジョンとして示されているが、今後立法化されるとすれば、全国で総合相談支援の実施が義務化されることになる。全国の約1740の市町村で総合相談支援を実施するとなると、最低でもそれと同数程度の全方位型アセスメントを実施できる人材が必要となる。カリスマでなくても実施できるツールの必要性が増しているのである。

介護保険の適正利用と全方位型アセスメント

次に、地域の医療福祉資源の適正利用の観点から、全方位型アセスメントの必要性を示す。利用者からの入浴できないという相談を受け、ケアマネがデイサービスで入浴するというプランを提示した事例がある。サービス担当者会議を開催し、利用者宅を訪問し入浴できない理由を掘り下げて聞くと、「2週間前から給湯器が壊れて風呂に入れない」ということが判明した。この場合問題は本人ではなく環境にあるため、デイサービス利用の前にまずおこなうべき対応は、ガス屋に修理を頼むことであった。併せて作業療法士が訪問し、本人の移動能力を確認しその力を活かすための環境整備として手すりや補助具の活用方法を指導し、自宅での入浴を実現した。全方位型支援の4つの領域で考えると、領域B（問題の構造）で問題を構造的に捉えていけば、領域C（客観的問題）で的確な手立てを構築することができ、環境の問題と本人の問題を取り違えることもなく、安易な「サービス当てはめ型支援」に陥ることは避けられる。入浴だけが理由であればデイサービスの利用は現時点ではやや過剰なサービスであり、人材難などからサービス供給量の確保が困難になっていく未来を考えると、本

当に必要な支援を慎重に検討することが必要である。

　このように、入浴できていないというわかりやすい客観的問題に検討を加えることなくデイサービスや訪問入浴などの定型のサービスをあてがうのは、生き方支援ではない。この人の元々の入浴習慣はどのようなものか、いつから、なぜどうして入浴できなくなったのか、そのことを本人はどう認識しているのか、領域A（臨床像）とB（問題の構造）からスタートし、多職種による全方位型アセスメントによって解決すべき課題を明確にし、そのためにおこなうべき支援を、根拠をもって導き出していくことが重要である。

　「入浴ができない」という表出された訴えに対して、本人にとっての入浴の意味や、これまでの入浴習慣や、現在の動作能力とそれに作用する環境要因などを全方位的に把握したうえで主観的ニーズも加味した対応をとれば、過剰な支援、不必要な支援、的外れな支援も生じにくくなり、結果として効率のよいサービス資源の活用につながる。

　最初から効率化、適正利用という自立支援以外の目的があると、必要な人に必要な支援を提供する本来あるべき支援から遠ざかり、給付抑制ありきの支援になる恐れがある。まずはきちんと全方位型アセスメントで臨床像と問題の構造を描くことが重要であり、その結果に基づいた、根拠ある計画策定が重要である。それによって、結果として地域の資源が適正に利用されることになる。限られた資源を上手く使うためには、安易なサービス当てはめからの脱却が不可欠である。

ソーシャルワークと全方位型アセスメント

　ソーシャルワーク専門職のグローバル定義（2014年）によると、ソーシャルワークとは専門職であるだけでなく、実践基盤の学問である。さらにソーシャルワーク専門職は、社会正義、人権、集団的責任、多様性尊重の

諸原理を基盤に、社会や個人をよりよい方向へ変えていくために多様に働きかけていくと記されている。

　ソーシャルワークの構成要素には、①クライエント、②ニーズ、③ソーシャルワーカー、④社会資源がある。ソーシャルワーカーは、地域で生活するクライエントの多様な生活ニーズを充足させ、ウェルビーイングを向上させるために、クライエントとその環境である社会資源の関係に働きかけていくことがその役割である。

　クライエントの環境である社会資源は多種多様に存在している。専門職や専門機関等のフォーマルな要素だけでなく、クライエントに一番近い環境としての家族、友人等のインフォーマルな要素も重要になる。クライエントの生活支援に向けて社会資源を活用するところに、地域を基盤としたソーシャルワーク実践の特徴がある。

　今、ソーシャルワークは転換期を迎えている。これまで我が国の公的な福祉サービスは、高齢者・障害者・子ども・生活困窮といった対象者（65歳以上、障害者手帳の所持者、18歳未満・保護基準該当者）ごとに、典型的と考えられるニーズに対して専門的なサービス（制度内で規定されたサービス）を提供することで、福祉施策の充実・発展に寄与してきた。介護保険法、障害者総合支援法、子ども子育て支援新制度など、各制度の成熟化が進む一方で、人口減少、家族・地域社会の変容などにより、既存の縦割りのシステムには課題が生じている。

　具体的には、制度が対象としない生活課題への対応や複合的な課題を抱える世帯への対応など、ニーズの多様化・複雑化・複合化に伴って対応が困難なケースが浮き彫りになってきて、戦後に構築された社会の基礎構造にほころびが目立つようになっている。こうした状況において個人の生活支援には、多職種チームによる総合的・包括的な相談援助が必要になってきた。クライエントの生活場面である地域を基盤として生活支援を展開していくためには①クライエントの生活の側から援助を組み立てていくこと、

②住民当事者の主体を尊重したソーシャルワーク実践をすることの2点が求められる。

　これらの状況を踏まえると、今まさにソーシャルワーカーのアイデンティティとして全方位型アセスメントの実施が求められているのである。ソーシャルワーカーの基礎資格としては社会福祉士があるが、ソーシャルワークの役割機能を考えるとき、対人援助の相談支援に関わる全ての専門職にソーシャルワークの実践技術を取得していることが求められる。ここでいう対人援助の相談支援に関わる専門職とは、分野別に、生活困窮者・低所得者福祉、障害者福祉、高齢者福祉（介護保険事業含む）、児童福祉、母子・父子福祉、医療福祉、教育福祉、司法福祉、地域福祉等に従事する職種が挙げられる。これらに従事する者は少なくとも、インテーク、アセスメント、支援計画立案、実行支援、進捗管理等の一連のスキルを所持していなければならないと考える。

　言い換えるとソーシャルワーカーとは、適切なインテーク、アセスメントをおこない、支援計画を立案できて、なおかつ実行管理ができクライエントのウェルビーイングの追求を支援できる専門職ともいえる。そのような意味でも、全方位型アセスメントの技術を身につけてほしいと思う。

地域ケア会議での活用

　介護保険法の改正により地域ケア会議が義務づけられ、基礎自治体ではその取り組みの推進が課題となっている。地域ケア会議は、自立を目指した個別支援のための「地域ケア個別会議」や、地域課題に対応するための「地域ケア推進会議」などに区分され、実施されている。自立支援のためのマネジメントは、身体的側面（ADLや病気）、心理精神的側面、環境的側面に関する全方位型アセスメントが重要となるが、現在モデルとして推進されている「地域ケア個別会議」の多くは、医療関係者、介護関係者等

の専門職が中心となり、対象者個人のＡＤＬや医療介護問題に特化したアセスメントに偏りがちになっている。地域ケア会議で取り上げられる「問題事例」と呼ばれるケースの多くは専門職の客観的視点が重視されるあまり、本人の主観的ニーズが顧みられていないために支援困難化していることが多い。

　全方位型アセスメントは、いわゆる介護分野のアセスメントに限定されない、全方位的に対象者を理解し本人や環境のストレングスを活かした手立てを構築することを目的としている。この手法が目指すのは、本人の主観的ニーズを描き、本人が自分自身のニーズを解決する主体者となることである。これは、本来の地域ケア会議の目的である「自立支援に資するケアマネジメント」と同じであるので、地域ケア会議を有効に活用するツールにも当然なり得る。全方位型アセスメントの手法を活用することで、いわゆる狭義の「地域ケア個別会議」にとどまらず地域課題までを視野に入れた地域ケア会議を実施できる。

生活困窮者自立相談支援での活用

　生活困窮の原因は、病気、失業、借金、障害、高齢、一人親家庭、ＤＶ等多岐にわたる。また、それらが複合的な課題となっている世帯も多い。このような事例では絡み合った複合的課題をほぐし、その家族の生じている問題状況を読み解くことが要求される。児童養護、法律、教育など多様な専門領域が絡むため、単一機関での課題解決は困難になる。こういうときこそ多職種・多機関参加による全方位型アセスメントが有効である。障害や子ども部門等の相談支援においても、単一機関で解決できない事例においては多職種・多機関参加による全方位型アセスメントを実施することで、当事者の主観的側面も含めた理解や、直面している問題の明確化、そこからの課題の抽出とストレングスを活用した対応方法の立案により、抱

え込むことなく課題解決がしやすくなる。

市町村における総合相談支援での活用

　市町村の相談窓口に寄せられる相談は多種多様であり、それゆえに窓口の職員だけで解決できる課題は少ない。総合相談窓口こそ多職種・多機関参加による全方位型アセスメントの実践が求められる。たらい回しにせずにワンストップで適切な部署や機関につなぐためには、相談がおこなわれた初期の段階で、相談者の訴えを全方位型アセスメントの枠組みで捉え、問題の構造を把握していくことが有効である。

災害時におけるアセスメントでの活用

　災害時の避難所等ではその場で起きている問題点を把握し課題を立て、優先順位をつけたうえで誰が（住民・避難所運営委員会・専門職・行政）対応するかを協議・合意形成を図ることにより、課題解決に導く道筋が必要になる。全方位型アセスメントを用いた事例検討でよくおこなう、問題を可視化して合意し、課題を抽出したうえで対応を構築していくというプロセスは、災害時のように予期せぬ事象が多発し、対応のリソースが限られる場面でも有効である。災害時のような混乱状況では何が誰にとっての問題であるかが非常に見えにくくなり、運営する側の視点で捉えた問題や声を上げられる人が発する問題提起に引きずられやすくなり、結果として声を上げられない人が置き去りにされる恐れがある。主観的ニーズに着目する全方位型アセスメントの方法論を応用すれば、それらも拾い上げ、今、何が問題であるのかを可視化することで、その解決に力を発揮できる人が名乗りを上げ行政主導・専門家主導ではなく、住民が主体的に解決に向けて動き出すきっかけを作ることができる。

5章　全方位型アセスメントの実施に
　　　有用なツール

　本章で解説する内容は以下の通りです。

- アセスメントの入り口となるインテークの詳細を提示
- 相談援助者が全方位型アセスメントを実施する際に利用できる
  ツールの紹介
- 対象者理解を深め、よりよい支援の手掛かりとなるツールの使
  い方の提示

1節　アセスメントの入り口としてのインテーク

インテークとアセスメント

　介護保険領域のケアマネジメントにおいては、インテークとアセスメントの境目は曖昧で明確な区別なく同時におこなわれている現状がある。しかし、クライエントとの出会いの場面で表面的な問題に即応してしまうことで主観的ニーズを取り違えると、一気に支援困難事例と化す恐れがある。本人の主観的側面に目を向け、関係形成をおこなうためにはインテークを意識的におこなうことが重要である。本節ではアセスメントをより深めるためのツールとしてインテークを捉え、アセスメントの入り口としてのインテークのポイントを、実例を交えながら示す。

インテークの目的

　インテークは相談援助における出会いの場面であり、時に支援全体に大きく影響する。インテークというと相談を受け付け、基本項目や相談の主訴を聞き取り、フェイスシートに記入することのように捉えがちであるが、実は援助の方向性を左右する大事なはじめの一歩である。短時間で援助関係を形成し、限られた情報から初期仮説を構築し、今後のアセスメントに必要な情報をある程度絞り込むことができるかが重要であり、相談援助者には短い時間で的確にインテークをおこなうスキルが求められる。

　インテークとは、面接の対象者がどのような相談内容を抱えていて、その主訴の背景にある問題は何かを明らかにするために、相談援助者が積極的・能動的に働きかけることを目的とした初対面でおこなう面接、いわば出会いの面接である。そのため、インテークでは、相談援助者が丁寧に話を聴き記録に残すことが基本であり、その面接内容に基づいて今後の支援方針を立てることになる。インテークの主たる目的は、第一に、面接の対象者が抱えている問題の全体像を把握すること、第二に、面接の対象者との信頼関係の構築である。前者についてはあくまで初期段階の仮説であり、細部にこだわったものである必要はないが、大きな方向性を描くことは必要になる。後者については、援助者だと認識していない相手に自分の困りごとを話そうと思う人はいないので、出会いの印象はよくも悪くも後を引くことになる。

　インテーク面接の内容は、援助者同士が共通理解をもって以後の支援を円滑に進めていくために最も重要な初期情報となる。インテークを土台として、面接の対象者や援助の対象者が抱えている問題の契機や成因について初期仮説を育てていき、それらに基づいて今後どのような援助者が関わり、誰がどうアプローチしていくかを援助者同士が話し合っていくことになる。

インテークの３つの機能

　インテークを機能の面から見ていくと、主に以下の３つの機能からなると考えられる。第一に、スクリーニング機能である。援助者が所属する機関による援助やサービスの提供が適切であるかを判断し、面接の対象者や援助の対象者に対して何を提供できるかを提示することである。第二に、関係形成・波長合わせ機能である。援助関係形成の第一歩であり、面接の対象者に援助者である自分の役割を理解してもらう。介護保険領域では援助者としての役割の提示がなされないことが多い。また、ＭＳＷ（医療ソーシャルワーカー）等の相談援助職は、組織内での役割が理解されにくく、相談者も「主治医に言われたから相談室に来た」というように受け身な姿勢でわけもわからずやってくる場合も多い。専門職としての立ち位置、誰に対して何をする役割を持つ存在なのかを、本人や家族に対して提示することは重要である。さらには、受容的雰囲気を示して、この人に相談したいと思ってもらうための波長合わせの意味合いも重要である。第三に、情報収集機能である。問題の概要を把握し面接の対象者や面接の対象者がどんな人で、何に困っているのか、対象者理解・仮説形成の最初の一歩をなす部分である。

　介護保険領域のケアマネジメントではインテークとアセスメントが区別されず同時に実施されることが多いが、本来は区別されるプロセスである。両者の違いを表5-1に示す。アセスメント面接の場合は援助に必要な情報を収集することが大きな目的であり、現在のケアマネジメント業務においてはケアプラン作成と密接に結びついた行為である。援助の提供とケアプラン作成が前提であるため、援助を受ける当人に対しておこなうのが通常である。それに対してインテーク面接は、まだ厳密には援助契約が締結されていない出会いの段階であり、場合によっては他の機関や制度に結びつ

表5-1 アセスメント面接との違い

インテーク面接	アセスメント面接
・情報収集だけが目的ではない ・ケアプランありきでもない ・援助者の役割の提示・対象者理解が柱 ・面接対象が主介護者であることも多い	・情報収集が大きな目的 ・ケアプラン作成が前提 ・現在のケアマネ業務ではケアプラン作成と密接に結びついた状態 ・本人に対しておこなうのが大前提
両面接が区別されず同時に実施されることが多いが、本来別のプロセス	

けるほうが適切な場合もあるため、情報収集やケアプラン作成ありきではなく、援助者の役割を提示し援助を必要としている本人やその環境を理解していくことが大きな柱となる。窓口を訪れたり電話をしてくるのが当人ではなく主介護者や地域住民であることも多いので、間接的な情報把握と

雰囲気作り
相手への気遣い・気配り・共感の表出

援助者の紹介
私や所属組織はあなたに何ができるのかを伝達

面接目的の共有
終了時に、何がどうなっていることを目指すのかを伝達

守秘義務の説明と記録化することの承諾
何のために個人情報を聞くのかを伝達

聞き取りの実施
本人・家族はどんな人で何に困っているのかを把握

聞き取った内容の確認
私はあなたをこのように理解しましたよ、という返し

今後の見通しの共有
（基本方針・援助関係開始の可否の確認、次回日程等の決定）

図5-1 インテーク面接の流れ

なるケースもあり、相談に来た人と介護を必要としている人の間で抱えている問題が異なることも珍しくない。詳細な把握はインテーク段階では困難なため、相談に来た人の主訴から初期仮説を構築し、それに基づいて情報を収集していく。

インテーク面接の流れ

インテーク面接の一般的な流れを図5-1に示す。インテークは本人との出会いの場面であり、相談援助面接のエッセンスが凝縮される場面である。出会いの段階で躓くと、その後の援助に大きく影響し、場合によっては知らず知らずのうちに対立構造が構築され、援助を上手く受け入れてもらえなかったり、担当者変更の要求につながったりすることもある。第一印象が意外とその後の人間関係に影響を及ぼすのは世間一般の場合と同じである。できる限りの注意を払うことで、その後の関係形成が円滑になる。

まずはファーストコンタクトにおける雰囲気作りである。相手への気遣い・気配り・共感の表出が重要である。困りごとの相談を受けることは援助者にとっては日常業務でも、相手にとっては人生で初めて経験する出来事であるかもしれない。そうした場合、相談者は大きな不安を持ち疲弊していることも少なくないため、出会いの場面において受容的雰囲気を醸し出すことは非常に重要である。

次に、援助者の所属組織に何ができるのかを説明する。相談者は援助者が何者であるのか、何をしてくれるのか、全く理解できていない場合もある。また、過度の期待や誤解を持っている場合もある。組織としてできることとできないことを誤解なく認識してもらう必要がある。その次に、これからおこなう面接の目的を共有する。この面接が終了したときに何がどうなっていることを目指すのかを伝えていくことで、短時間でも的を絞ったやり取りができるようになる。逆に面接の目的が不明確だと、相手は何

をしゃべってよいかわからず、援助者が必要とする情報にたどり着けないことがある。

　面接の際には相手の個人情報を聞く必要が出てくる。援助に必要な情報はプライバシーの塊であり、通常であれば初対面の相手に話す内容ではない。何のために個人情報を聞く必要があるのか、その情報はどう保護されるのかを伝え、記録化することへの承諾を得る。最初の雰囲気作りと併せて、話しにくい・話したくないことを受け取るために大切にすべき部分である。ここまでの流れを省略していきなり聞き取りに入ると、相手は根掘り葉掘り言いにくいことをしゃべらされる、まるで尋問を受けているかのようだと感じてしまう恐れがある。短時間で必要なことを聞き取るためにも下準備が意味を持ってくる。

　続いていよいよ聞き取りの実施であるが、色々聞きたい気持ちを抑え、まずは本人や家族はどんな人で何に困っているのかを受け取り、把握する。困りごとがどんな言葉や仕草で発せられるかも含めて真摯に受け取り、援助者のアンテナにかかった言葉や仕草は解釈を加えずそのまま記録しておくとよい。受け取った内容から所属組織で対応すべき内容であるかを判断し、場合によっては他部署・他機関につなぐなどの対応をして援助関係の締結を選ばないこともある。

　困りごとの概略がつかめたらその次におこなうべきなのは聞き取った内容の確認である。「私はあなたのお話をこのように受け取りました、このように理解しました」と相手に返すことで、援助者と本人の間に今後に向けた共通認識が形成される。的確に把握できていれば相手は「この人は私のことをわかってくれた」と確信を持てる。仮に的外れであってもその時点で修正することができるし、そのプロセスで「この人は私を理解しようとしてくれている」と実感することができる。これが信頼関係形成の第一歩である。

　この聞き取り内容を相手に戻す、という行為は非常に重要かつ信頼関係

を形成するうえでも有効であるが、意識しておこなっている援助者はあまりいないように思う。よくある誤解だが、時間をかければ信頼を得ることができるわけではない。信頼に値することをおこない、それが受け入れられて初めて信頼が得られるのである。誰でも、信頼していない相手に自分の個人情報や困りごとを話したくはない。ましてや混み入った事情をさらけ出すことはない。援助者が収集したい情報は、通常であれば気軽に他者に教えないプライバシーを含む。したがって、普段援助職がおこなっている面接は、実は信頼関係の構築が前提にある。しかし援助者はそのことをあまり意識せず当然話してもらえると考えがちである。当事者の側が自分の困りごとをきちんと受け取ってもらえたと実感できることが援助関係のスタートであり、相手から「援助者としての認定」をもらえなければスタートラインに立てない。アセスメントの前にインテークがあるのはこの援助者としての認定を得て援助関係をスタートさせる意味がある。実務上はインテークとアセスメントを一度におこなうにしても、序盤は相手を理解し信頼を得ることを意図しておこなう必要がある。

　最後に、今後の見通しの共有をおこなう。基本方針とその方針に沿った援助を開始してよいかを確認し、次までに何をするのか次の面接日程の決定をおこなう。

　援助を必要とする人にとって、先の見通しがつくことや次に何をすべきかが明確になることはとても大きな安心材料になる。援助者にとっても、次の約束ができることは安定した援助の展開を図るうえで有益である。逆に次回の約束が結べない場合には何かまだ共有できていない問題が隠れている可能性が高く、不安定な援助関係であることを認識すべきである。

聞き取り部分の流れ

　聞き取り部分の詳細を図5-2に示す。常にこの流れで進めるわけではなく、

例えば見るからに相談者が疲弊している場合などは相手を労いつつ緊急性の判断を真っ先におこなうなど臨機応変に対応する。あくまで基本的な流れとして頭に入れてほしい。

主訴は何か
相談者は何を問題だと考えているのかを明確化
その問題をどう訴えているのか

その「問題」に関する歴史の把握
発端・いつから・経過・現在の状況・未来予想
過去・現在・未来の３つの時間軸で問題を見る

これまでの対応の確認
受診歴・利用サービス・相談・誰がどのように関わってきたか
何がなされ、何がなされていないのか

主訴以外の「問題」はないか？
見えていることが全てとは限らない
本人の人生観（死生観・介護観）・生活歴などから透けて見えることが多い
援助専門職としての見立て　事実と主観と感情の区別

緊急性の判断
本人・家族等のキーパーソン・援助者側の３つの観点で判断

図 5-2　聞き取り部分の流れ

　主訴を傾聴することの重要性はよく強調されるが、具体的に何をどうすれば傾聴になるのであろうか。ともすれば聞き手は、当人が表出している「表面に見えている問題」だけに注目しがちではないだろうか。当人の訴えにしっかり耳を傾けることは確かに重要であるが、困難のなかにいる当事者にとって、自らの困難を出会ったばかりの他人に伝えるということは援助者側が想像する以上に難しいことであり、本当に言いたいことが伏せられ、言えずにいることも少なくない。解決策や対応はアセスメントで深めるとしても、まずはその「問題」と向き合う姿勢を示し、その後に語られる問題に対する理解を深める必要がある。

まずは、相談に来ている人は何を問題だと考えているのかの明確化をおこなう。表出されていることそのものが問題であるとは限らないため、丁寧に聞き取る必要があるが、まず当人はその問題をどう訴えているのかを受け取る必要がある。最初から「こんなのはたいした問題じゃないのにな」等の価値判断を下すことは避ける。あくまで当人の主観的捉え方とその訴え方に注目する。続いて、その問題に関する歴史、時系列的な情報を把握する。事の発端は何か、いつから、どのように問題が生じてどのような経過をたどり現在に至るのか、今後はどうなっていくと予測されるのか、過去・現在・未来の３つの時制で問題を見ていく。援助職はどうしても現在に焦点をあてがちであるが、アセスメントにおいて問題を構造的に捉えていくためにも、３つの時制への意識は重要となる。さらに、その問題に対してこれまでどのような対応がとられてきたのか、例えば受診歴や利用してきた支援、誰にどのような相談をしてきたかを把握する。これは、これまでに何をしてきて、何をしていないのかを判断する重要な材料になる。これまで散々努力してきたことを無視すればよい関係を作れないし、同じ対策をもう一度繰り返しても同様の結果に終わることは多い。また、まだ試みていないことのなかに問題解決のカギがあることも多い。したがって問題へのこれまでの取り組み方には注意を払うべきである。

　ここまでの流れで丁寧に聞き取っていくと、主訴以外に問題がある場合は「何かありそうだな」という感覚が作動することがある。例えば、相談者である実の娘さんにどうも事務的で奇妙な冷たさを感じるといったケースである。そのようなケースでは介護を必要とする人との間に心理的な葛藤がある場合もある。すぐにそこを掘り下げる必要はないが頭の隅に引っかけておき、生活歴や介護観のようなその人の生き方や判断基準と照らし合わせて主訴以外の問題を探る必要がある。

　最後に、これまでの聞き取りから、すぐに対応するべきなのか、じっくり構えてよいのか、緊急性の有無を判断する。その際には、病状や虐待な

どの本人にとっての緊急性、本人の暮らしや人生に影響するキーパーソンにとっての、例えば入院や治療の必要性や介護以外の事情など支援に影響する事柄がないかなどの緊急性、さらには例えば大型連休を控えていて休み中は支援体制が薄くなる、台風などの接近による対応困難が予想されるなど援助者側にとっての緊急性も含めて総合的に判断する。

インテーク面接で援助者が達成するべき4つのこと

インテーク面接で達成すべきことは4つあると考えられる。機能や目的の面からいえば、インテークとは前述のスクリーニング機能、関係形成・波長合わせ機能、情報収集機能、という3つの機能を用いて4つの達成課題をクリアすること、と表現することができる。4つの達成課題とは、①本人や家族への心理的サポート、②本人や家族が述べる事実・感情への理解、③本人や家族の困りごとに関する情報収集、④今後の展開の目星をつける、である。以下、達成すべき4つのことについて述べていく。

達成すべきことその1：本人や家族への心理的サポート

まずは、本人や家族への心理的サポートである。心理的サポートにおいては、本人や家族が受け入れてもらえた、私のことをわかってくれた、と実感できることが重要になる。そのためには、本人や家族が抱える二つの不安の解消を意図する必要がある。二つの不安とは、自分が抱える問題そのものへの不安と、その問題を他者に話さなくてはならない不安である。この二つに的確に対応し心理的なサポートをおこなうことが、インテーク初期における重要な課題となる。特に二つ目の他者に話すことに対する不安を解消しないと、本人の置かれている状況理解と情報収集は達成できない。

援助者側は自分が相手に対して援助をおこなう立場であり、その職務上

の権限や能力を持っていることを自覚している。しかし、本人やその家族は、福祉や医療の制度を熟知しているわけでも、相談援助職が自分に何をしてくれる人かを理解できているわけでもない。出会ったばかりのこの人に、こんなことを話してもいいのか、こんな弱音を吐いてはいけないのではないか、本当に信頼していいのか、確信できずにいる。心理的なサポートによって対象者の不安を解消することそのものが援助行為であり、対象者を理解していくステップでもある。

　　達成すべきことその2：本人や家族が述べる事実・感情への理解
　次に、本人や家族が述べる事実・感情への理解である。本人や家族が表出する事柄について、事実、感情、類推を区別して把握し、適切な質問をおこなうことで不確かな部分を明確化していく。その人が語った事柄について「これって本当だろうか？」という疑問が生じたとしても、インテークの段階では必ずしも真実の追及をおこなう必要はなく、まずは「当人にはそう思えているのだ」ということを受け取るほうを優先すべき場合が多い。表面的な傾聴でなく、相手の語ることに真摯に反応し適切な質問を返していくやり取りを通じて人は「理解してもらえた」と感じる。あるいは「この人なら理解してくれそう」と思える。インテークの段階では特に「相手が見ている世界」を想像することが大事である。

　　達成すべきことその3：本人や家族の困りごとを聞く姿勢
　本人や家族が述べる事実・感情を受け取っていると、その人にとっての困りごとの輪郭が見えてくる。その人が自覚していない内容や直接言及していないことが「隠れた困りごと」である場合も多く、表現されている訴えだけがニーズとも限らない。本当に重要なことは自分から言えないこともある。言葉にできない人生レベルの困りごともあることは常に念頭に置くべきである。

達成すべきことその４：今後の展開の目星をつける

　困りごとがわかってくると、援助者はどのようなサービスが活用できそうか、その利用によってどういうメリットデメリットが生じるかなど、今後の展開についてのおおまかな目星をつけることができるようになる。援助者にとっては日々のルーティーン業務であるため自明のことに思えるが、当事者にとっては先が見えない不安はとても重たい。したがってこの先の展望が開けることはとても大きな意味を持つ。対象者が面接前よりも今後の展開が見えるようになった、解決のイメージが持てた、相談前よりも問題解決に近づいたと思えることがインテークの目指すゴールとなる。このゴールに至って初めて、援助者と本人の間に援助関係が成立する。そうすれば、面接の対象者は援助者のことを自分の支えになってくれる人と認識し今後も相談したいと考えるようになる。

　ここまで、インテーク面接について述べてきたが、インテーク面接において援助者が達成すべきことをチェックリストとして表5-2に示す。まずは面接終了時に面接対象者がどうなっていればよいかであるが、そのチェック項目は相談前よりも心が軽くなり、理解されたと感じ、問題解決に近づいているかどうかをみる。これらをクリアしたうえで、また相談したいと思えていれば援助関係は締結できていると考えてよいだろう。援助者側のチェック項目は、本人の主観的困りごとを把握できていて、その困りごとはいつから始まり、どんな経過を経て、今どうなっているかを描けているかである。困りごとに関しては、ただ把握するだけでなく「あなたは今、こういう状況でこういうことにお困りでいらっしゃるのですね」「その困りごとについて、このようにお感じ・お考えになっているのですね」という形に言語化して本人に戻せるレベルでの理解ができているかが判断基準である。把握した本人理解の形を相手に戻すことで面接対象者に心理的サポートや理解してもらえた感覚や問題解決に近づけた実感を提供すること

になる。

表5-2　インテーク面接チェックリスト

面接終了時に、面接の対象者は 　□相談前よりも心が軽くなっている 　□自分のことを理解してもらえたと感じている 　□相談前よりも問題解決に近づいている 　□また相談したいと考えている 面接終了時に、援助者は 　□当事者の困りごと（主観的な問題）を把握できている 　（以下のように言語化して当事者に戻せる） 　　・あなたは今、こういう状況でこういうことにお困りでいらっしゃ 　　　るのですね 　　・その困りごとについて、このようにお感じ・お考えになっている 　　　のですね 　□当事者の問題は 　　いつから始まり、どんな経過を経て、今どうなっているか？　を描 　　けている

インテーク段階におけるニーズ把握

　ここからはインテークについての詳細と、インテークとアセスメントの曖昧な境界線部分の説明を、具体例を用いて示していく。

「ニーズ」の落とし穴

　援助実践において、主観的ニーズは必ずしも表現されるとは限らない。表現されない理由としては、本人が全く困っていない場合、自分からは言えない場合などが考えられる。例えば家族を在宅介護することが非常につ

らくても、それを口にすることによる周囲の反発が想像できる場合などは、黙して語らないという形の「無言の表出」がおこなわれることもある。反対に、表出されていることがその人にとってのニーズを表すとも限らない。「入浴したい」という言葉がそのままニーズになるかどうかは、援助者の思考のフィルターを通してみないとわからない。入浴は確かに重要な生活行為だが、それのみでニーズになることは考えにくい。入浴で達成したい暮らし方こそがニーズなのではないかと考えてみるべきであろう。

　このように、主観的ニーズの把握は、さまざまな文脈のなかで多義的におこなわれ、標準化しにくい側面を持つ。今後は、身体機能や病状などの数値化し標準化できる指標に基づく客観的ニーズについてはＡＩによる抽出が主流になっていく可能性が高い。一方で、文脈に依拠し、多様な解釈が可能な人生のニーズの把握については、専門職の力量が必要とされるであろう。なぜなら、声なき声や言外の意味などはデータになり得ず、ＡＩを頼ることはできないからである。例えば、後述する表出されないニーズやアンビバレントな感情に左右される要素からニーズを抽出する術をＡＩは持たない。これらを利用者や家族とともに描き出してこそ専門職の支援であり、その力量がなければ早晩ＡＩに取って代わられることになる。利用者や家族と関わり、人生のニーズをともに描き出すことこそ、相談援助職の専門性である。

表出されないニーズへの感受性

　本人が表出しない・できない・したくない内容は相談援助職が専門的面接技術を駆使しないと受け取ることができない。受け取られることのない主観的ニーズはさまざまな形で新たな問題を生み、根本のニーズが解決しないことで困難化しているケースは少なくない。援助者としては誠心誠意、表出された訴えに対応し続けているにもかかわらず、あれこれと新たな要

望が噴出すると、援助者はその相手に「困難ケース」というレッテルを張りがちである。多くの「困難事例」の根底には表出されない主観的ニーズへの無理解・無関心・無対応が横たわっている、と考えるべきである。標準化できない困難ケースこそ、専門職の援助力が必要とされる場面である。インテーク段階では主観的ニーズの明確化ができないことも多いが、本人の主観的な問題認識に沿い、当事者の目線から何が見えているかに意識を払うべきである。

インテークとケアプラン作成

ケアマネが初回アセスメントをおこなう場合、ケアプラン作成がサービス利用の大前提であるため、ケアプランありきになりがちである。しかし、援助関係が形成されていないのにプランを組んでも課題解決につながらないことも多い。特にインテーク段階では安易に解決方法に踏み込まないほうが無難であり、まずは援助関係の締結を目指すべきである。本来の援助関係のプロセスでは、インテーク抜きのプラン作成はあり得ない。プラン作成より優先すべきなのは、関係を形成して援助者として認められる、何が問題なのかの当たりをつける、そして今後の展開の共通認識に至ることである。緊急対応の必要がある場合を除き、プラン作成はアセスメントによって問題の情報収集・分析・統合が終了し、主観的ニーズが明確になってからおこなうべきである。

少ない情報から初期仮説を育む

本人の抱える問題の種類や状況により、必要となる情報は違う。「あれも聞きたい」「これも知りたい」ではなく、「本人の抱えている問題を明らかにし、その人ならではの解決方法を導き出す」ために、「支援に必要な

情報は何か？」を考え、インテークの段階では「必要かつ最小限」の情報を、意図的に収集することになる。そのためには仮説思考を駆使する必要がある。仮説とはまだ十分情報がない状態で組み立てる、確証はないが事実に近いと考えられるストーリーである。すでに把握して裏づけがとれている事実から、その人の臨床像や問題の構造の一部を描き出し、少しずつ全体像に近づけていく。常に全体像（臨床像と問題の構造）を思い浮かべながら、あれもこれも聞くのではなく、仮説の証明につながる情報を絞り込んで情報収集をおこない、上手くいく成解を探していく。

　インテークにおいて仮説を育んでいくためには多すぎる情報はかえって邪魔で、量より質が重要であり、数ある情報から問題の中核につながるような情報を選り分けることも必要になる。併せて、その情報がなぜ必要なのか、という根拠を明確にして本人や家族にその情報を得ようとする必然性を伝えなければ、答えてもらえないことも十分に考えられる。援助者が「この質問はしにくいな」と感じる場合は根拠が曖昧なことが多いので、常に質問内容の根拠を意識し言語化を図ることが求められる。

インテークで初期仮説を設定し情報を収集する

　例えば、相談窓口に来た40歳の男性が会社を解雇されたので就職したいと希望している。その際、「解雇されたのは今回が初めてですか？」と聞いてみると、「実は10回目の解雇です」という答えが返ってきた。10回就職できているが解雇されてしまうということは、就業というハードルは越えられても、就業後の何かに解決すべきことが隠れている可能性がある。仮説的に考えれば10回の解雇は単なる不運ではなく何らかの障害傾向が影響している可能性が高い。その傾向がいつ頃から生じているのかがわかれば、障害の種類などを類推する材料になる。

　そこで、相談援助者として仮説を念頭に置きながら、解雇の要因は何

なのかということに着目し、その情報を集めるための質問を投げかける。「小中学校時代の様子はどうでしたか？」「中学校時代は？」という一見解雇とは無関係に思える質問によって小学校中学校時代の聞き取りをするうちに、軽度発達障害の可能性が浮上してくる。「会社で解雇された理由に心当たりはありますか？」「仕事をするうえで注意されることが多くトラブルを起こしてしまうんです」このようなやり取りのなかから解雇されてしまうのはコミュニケーション能力の不足や職場での障害理解の不足による配慮のなさが原因ではないか、とのさらなる仮説が立てられる。

　単に本人の言うことのみを聞き取るのではなく、初期仮説に基づき積極的かつ能動的に情報を集め、仮説を通して事実を見ていくことで次に確認すべきことが見えてきて、それを確認することで仮説が検証されることを繰り返して確度の高い仮説が育っていく。また、複数の仮説を立て、それを検証し続けることで思い込みや先入観の影響を軽減させることができる。立てた仮説に固執せずに常に検証し、事実にそぐわない場合は柔軟に見方を変え、本人と共通認識に至らない場合や大きな矛盾が生じた場合は棄却すればよい。極論すれば仮説は間違っていてもかまわない。たとえ初期仮説が間違っていたとしても、検証を重ねることでそれをベースに新たな仮説が生み出され、常に検証し続けることでよりよい仮説に育っていく。棄却された仮説にも選択肢を一つ消去し、可能性を絞り込むことに役立つという意義があり、無駄にはならない。常に仮説思考をおこない、多くの仮説を立てて検証を積み上げていけば、仮説構築の精度は向上し、見立てのスピードと精度が向上する。

　　アンビバレントを大切にする

　アンビバレントとは相反する事象を同時に捉える視点である。アンビバレントな反応は、当人の問題の中核とつながっていることが多く、思考・

感情・行動の不一致を読み解いていくことは、利用者理解の大きな手がかりとなる。人はそもそも矛盾を抱えて生きていく存在であり、特に支援を必要とするような状態ではその矛盾が強く作用することがある。そのため、支援においてはこのアンビバレントを大切に扱わないと表出されている言葉に惑わされて本質を見落とす恐れが生じる。困難化している事例では、このアンビバレントを見落としていることが多い。情報が多くなればなるほどアンビバレントを捉えるのは困難になる。言い換えればインテークの段階が最もアンビバレントに反応しやすい。悲しい場面なのに軽薄な話題を振りまくなど状況と不釣り合いな言葉を吐くとか、丁寧な言葉だが目が笑っていないなど、表出している言葉と表情や仕草が一致していないときには、その言葉の裏に何があるのかを読み解けるかがポイントとなる。

　例えば、アルコール依存症の息子に対して要介護高齢者である母親は、「この子には苦労させられてばかり……この子さえいなければ……」と言うが、その一方で、「やはり息子が大事」「とても大切」と思っている、というように相反する感情が母親のなかで同居し、葛藤をおこしている場面で、表面的な言葉を鵜呑みにするのではなく、さまざまな角度から一つの事象を捉え、考えていくことが大切である。援助者から見れば「要介護高齢者」というカテゴリーでくくられるが、主観的領域から見れば息子をめぐる「問題」は自身の介護問題よりも根深く長い経緯を持つことがわかり、「母親」である側面や息子と生きてきた時間を無視することはできないことがわかる。ここを間違えるとどんなに懸命に支援しようとしても当人からすれば「的外れ」で望んだ支援を得られないことになる。なんでどうしてそうなっているのかという読み解きがないと、どんなに懸命に支援をおこなっていても、支援を受け取ってもらえないという事態が生じる。こういう状況で必要なのは主観的領域に注目し臨床像を深めること（領域A（臨床像））と、問題を見立てて構造的に理解すること（領域B（問題の構造））（図3-3を参照）である。全方位型アセスメントの枠組みが身についていると

インテークの早い段階でこうしたアンビバレントな事象に反応して、問題の中核に気がつくことができ、信頼関係を構築できるようになる。仮にその場で反応できなくとも、援助者に生じた引っかかりを記録しておけば後から再度その部分の検討をおこなうこともできる。

　対応困難事例をひもといていくと、インテーク段階での主訴の取り違えが原因となっていることも少なからず見受けられる。判断能力があり支援拒否する人の場合、実は助けてほしいと思っているのだが、他人に迷惑をかけたくない、恥ずかしいという思いから「放っておいてくれ」と表現することがある。言葉通りに受け止めるのではなく、その背景にあるニーズに着目し、信頼関係を構築したりキーパーソンの協力を得たりしながら、ニーズに寄り添うことが必要である。

インテーク面接を記録化しておく重要性・有効性

　インテークの段階では利用者や家族からさまざまな不安や想いが言葉や仕草や態度で表出される。援助者のセンサーに引っかかったことについては、できるだけ本人の発した言葉をそのままに、表情や仕草も含めて記録しておくとよい。さらに、援助者が感じたことも併せて言語化し記録しておくと、のちに対象者理解につながるヒントとなることも多い。記録の際のポイントは本人の発言と援助者側の解釈とを区別して記録し、発言に関してはできる限り発したそのままの言葉として記述しておくことである。解決困難なケースでは、援助者と本人の間にずれが生じることが多く、そのずれは解釈の段階で生じることが多いからである。解釈のみを記録しておいても、後から検討する際の手がかりにはならないが、言葉そのものが記録されていれば、再度その発言を吟味し、解釈し直すことも可能になる。事例検討やスーパービジョンの際にも、解釈を含まないそのままの発言は非常に有用な情報となる。

インテークについてのまとめ

インテークとは、本人がどういう相談内容を抱えているのか、その主訴の背景にある問題は何かということを明らかにするために相談援助者が積極的・能動的に働きかけることを目的とした初対面でおこなう面接、出会いの面接だ。

その達成課題とは、スクリーニング機能、関係形成・波長合わせ機能、情報収集機能、という3つの機能を用いて初期仮説の構築と検証をおこなうこと、そして、①本人や家族への心理的サポート、②本人や家族が述べる事実・感情への理解、③本人や家族の困りごとに関する情報収集、④今後の展開の目星をつける、という4つをクリアすることである。ここでボタンの掛け違いが生じると、援助全体が大きくずれてしまう重要な局面である。

2節　ジェノグラム（家族関係図）

家庭環境はその人の暮らしを直接的に左右するだけでなく、価値観の形成や意思決定のあり方に影響を及ぼすなど、問題の構造に大きく関わってくる環境要因の一つである。対象となる家族を把握し理解するためのツールとして、ジェノグラムがある。ジェノグラムは記号を使って、家族構成や家族の状況を把握し可視化するツールである。基本的な記入方法を図5-3に、記入例を図5-4に示す。原則的に三世代以上にわたる世代関係図を作成するが、単なる家系図ではなく家族が経験した重要な出来事（ターニングポイント）、家族の離散、職業、役割などを含める。ある時点の家族像

を切り取るだけでなく、ターニングポイントの前後のジェノグラムを作成し両者を比較することで家族システムの推移を見ることもできる。

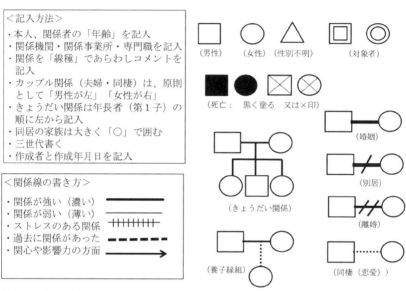

<記入方法>
・本人、関係者の「年齢」を記入
・関係機関・関係事業所・専門職を記入
・関係を「線種」であらわしコメントを記入
・カップル関係（夫婦・同棲）は、原則として「男性が左」「女性が右」
・きょうだい関係は年長者（第1子）の順に左から記入
・同居の家族は大きく「○」で囲む
・三世代書く
・作成者と作成年月日を記入

<関係線の書き方>
・関係が強い（濃い）
・関係が弱い（薄い）
・ストレスのある関係
・過去に関係があった
・関心や影響力の方面

（男性）　（女性）　（性別不明）　　　（対象者）

（死亡：　黒く塗る　又は×印）

（きょうだい関係）

（養子縁組）

（婚姻）

（別居）

（離婚）

（同棲（恋愛））

図5-3　ジェノグラム・エコマップの記入方法

　アセスメント段階でジェノグラムを作成することにより、本人やその生活史、家族間の力関係、親子兄弟以外のサブシステム、生活史やキーパーソンの存在、ストレングス等もアセスメントできる。家族を一つのシステムとして捉え、その相互作用や家族内で作用するルールを知ると家族を含めた支援がしやすくなる。家族の形は極めて個別的でパターン化しにくい性質を持ち、対象者の判断や価値基準の形成にも大きく関係するため、領域A（臨床像）の臨床像の理解に深く関わってくる。例えば、表向きの決定は本人がおこなっているように見えても、家庭内の最終決定は配偶者がおこなうなどの家庭内ルールがある場合、いくら主訴が明確でその主訴に沿った支援を構築しても、最終決定者の意向とずれている場合には実行す

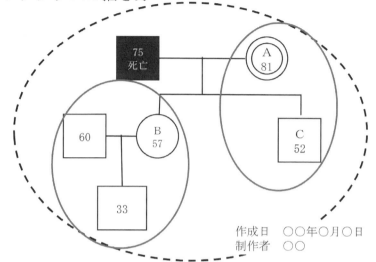

ジェノグラムの描き方

・三世代以上を描く　・作成日を書く
・相談者と一緒に描く　・作成者を書く

75
死亡

A
81

60

B
57

C
52

33

作成日　　○○年○月○日
制作者　　○○

図5-4　ジェノグラム・エコマップの記入例

らできない場合がある。

　ジェノグラムを作成する際には、可能であれば本人や家族と一緒に作成することで、生活史やその家族にとって重要な出来事に対する対処方法や対応能力（ストレングス）、家族の関係性、世帯の収入状況、キーパーソンなどさまざまな情報を把握することができる。ジェノグラムを作成する過程で、インテーク段階で不十分だった情報が見えてきて、家族全体の見立てができると共に、本人の全体的な情報を得ることができる。

　また、家族というシステムを理解するには①境界（家庭の内外、世代間）、②サブシステム（夫婦、両親、祖父母、兄弟姉妹）、③パワーバランス（権威、金、暴力、決定）に着目することも有効である。

境界とは

　家族や家族以外との関係性の境目が境界である。境界は関係性の強弱によって「明瞭な境界」、「曖昧な境界」、「固い境界」に分類される。境界のあり方は、ある程度明確に区分けがなされているケースもあれば、共依存的に境界が曖昧に溶け合っている場合もある。さらにはそれぞれが個別的に関わりを持たない状態が固定化されている、特定メンバー間のみに強固な関係性が成立しているなどの境界も存在する。

明瞭な境界と曖昧な境界

　境界が明確であることは、一般的にその関係性が健康で機能的であることを示している。境目がはっきりしていることでそれぞれの立場、役割、関係性などの家族内でポジショニングが見えやすくなり、解決の糸口やエンパワーメントのポイントをつかみやすい状態である。例外は、同居にもかかわらず別世帯かのような明確な境目があるようなケースである。このようなケースでは、例えば過去の虐待など家族間に強い緊張が隠れている場合もある。

　それに対して、境界が曖昧であるとは、家族メンバーが一つの塊のように融合し、各人もしくはサブシステム（夫婦・親子・兄弟等）間の境界が不明瞭となり、それぞれの自立性が損なわれてしまっている状態である。このような状態にある家族は、家族全員、もしくは数人のメンバーが、自他の区別がついていないかのような同じ感じ方や考え方をしがちである。家族以外の人たちの考え方や社会の出来事への関心が薄いところから、家族の問題は極めて限られた情報に基づき、その家族だけに通用するルールで処理され、事態の悪化を招くことがある。ここで問題となりやすいのは、あるメンバー間の密着性と特定メンバーに対する依存性である。あるメン

バー間の密着性は他のメンバーとの離反をもたらし、依存性はメンバーの自立を損なわせることになる。曖昧な境界は一見親密で良好な関係を作っているように見えて、その奥には微妙な食い違いが潜んでいたり、愛情面の不満を内包していたりすることがあるので要注意である。

固い境界

境界が固いとは、成員が遊離しており、相互の支援関係を持たない状況である。家族メンバー間やサブシステム間に、相互関係をもたらすコミュニケーションが働いておらず、それぞれ厚い壁を作ってしまっていて、家族としてのまとまりが見られない状態である。遊離状態にある家族メンバーは、お互いに全く関わりがないように動いたり、特定のメンバー同士が強く結びつき他のメンバーを除外したり、ある特定のメンバーを除け者にして、家族内緊張や不安を高めてしまう。例えば夫婦仲が悪く、その代わり母子密着を一層強めているとか、親の不仲に不安を抱いた子どもが不登校になるとか、さまざまな家族問題を引き起こすことにつながる。夫婦や親子、地域との境界の強弱、こういった部分を読み解くことにより相互作用により生じている問題の糸口を見いだすことができる。

サブシステムとは

家族というシステムのなかでの夫婦、両親、祖父母、兄弟姉妹などのそれぞれの関係がサブシステムである。例えば夫婦サブシステムでは関係が良好であるが、親子サブシステムでは葛藤が生じている、逆に親子サブシステムは良好であるが、夫婦サブシステムにおいて葛藤が生じている、介護状態の姑の面倒を見る嫁とのサブシステムにおける葛藤のように家族システムの一員が、他の成員と協力的関係や葛藤を生む、または相反する関

係を持つことが生じるため、家族の一人に問題のある行動や症状が出ている場合、その当人のみに原因を求めるのではなく、家族全体を一つのシステムと捉え、当人が関連するサブシステムに注目することが重要である。サブシステムの表記例を図5-5に示す。

サブシステムの表記例

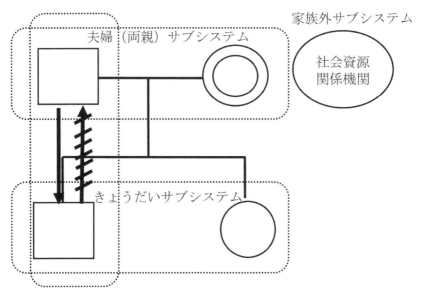

図 5-5　サブシステムの表記例
　　　（出典：「平成 29 年度第 1 回静岡県介護支援専門員専門研修課程Ⅱ更新研修Ｂ２：家族システム論的アプローチ」を一部改変）

パワーバランスとは

　家族システムにおける権力関係がパワーバランスである。家族内の相互関係により形成された良好な勢力は、家族が機能するための原動力になる。この場合の勢力とは絶対的不変的なものではなく、家族間の人間関係や立場の変化により勢力関係も変化していく。今現在、誰が決定権を有してい

るのか、どのようなバランスで家庭内の権力が成立しているのか、またその変遷に着目する。家族システムにおける権力者と介護システムのキーパーソンが一致するとは限らないので注意が必要である。この点を見誤ると、援助者側がキーパーソンとみなしている人と何かを決めたとしても、家族システム内の権力構造によって覆されることが生じる。この際に、家族システムが読み解けていないと、決定したことが実行されない状態に対して援助者がキーパーソンに「理解力が低い」「対応能力が低い」などのレッテルを貼ってしまい、そのせいで解決から遠ざかる危険がある。

　家族内の権力関係が変化するとき（政権交代時）にはトラブルが生じやすい。例えば、絶対的権力を握り子どもを虐待していた父親が、介護状態になることによって子どもと立場が逆転して、支配される側になるような場合もある。このように政権交代が円満におこなわれない場合には、今までの鬱積した感情が炸裂して家族内に大きな軋轢を生みトラブルが頻発する場合がある。権力構造そのものは外部からは見えにくい場合が多いが、権力の一端を表す家計管理や決定権などの移動に着目することで推測は可能である。また、家族システム内での決定において「亡くなった父（夫）であればきっとこうしたに違いない」「母であればこういうことは望まなかったはずだ」というようにすでに死亡している人物の影響が、その後の家族に作用することもある。アセスメントをおこなう際にはこのような家族システムとその変遷に着目することも重要である。

　家族のパワーバランスを質問によって明らかにするのはなかなかに困難であるので、援助者の観察によって仮説を形成し、その仮説に基づいて問いを発していくことが有効になる。例えば、間取りや部屋の使い分け（誰が環境のよい部屋を使い、誰が悪い部屋を使っているか、など）でその部屋の主の家庭内でのポジションや家族関係が見えてくることがある。南向きの日当たりがよく広い部屋を誰が使っているかなど、生活実態に関係性が表れることは多いため、家族関係を見立てる重要な材料になる。

ジェノグラム・エコマップ

　ジェノグラム・エコマップは中央にジェノグラムを描き、外側に友人、援助機関、社会資源、などを配置し、関係のあり方が位置関係や線の種類や文字によって示され、当人を取り巻く問題状況や関係性、社会資源などを視覚的に把握できるように工夫されたものである。ジェノグラム・エコマップの例を図5-6に示す。

　多職種連携で事例検討会をおこなう際には、ジェノグラム・エコマップを示すことにより、人間関係の全体像が構造化・視覚化され、人とのつながり方・問題との向き合い方が浮かび上がってくる。それにより、足りなかった情報の補足や事例検討会参加者の共通理解や合意形成が得やすくなる。支援メンバーや、場合によっては本人や家族と一緒に作成することで、見落としていた思わぬ情報が得られることもあるし、通常のアセスメントシートだけでは把握しきれない関係性をすくい上げることもできる。

　構成員の死去・入退院・介入などの家族システムや介護システムが大きく変化する前後で作成し比較することで、変化による影響や支援の効果が確認できる。現時点だけでなく、家族の時系列的な理解や家族の歴史を理解するために節目ごとにエコマップを描いてみるのは非常によい方法である。そのうえで、変化したこと・しなかったことに注目すると関係の特徴が見えやすくなり家族のシステムがどうなっているかの仮説を立てられる・気づけるようになる。家族の形を時系列的に見ることで、過去・現在・未来の３つの時制をつなげることができるようになる。例えば控えめながらも万事抜かりなく対応していて介護システムの要だった同居の娘が結婚して家を離れたとたんに介護が破綻するなどの状況も、前後のエコマップを比較してみることで発見できる。

　この場合は娘が担っていた部分を何らかの形で追加しない限り（本人が

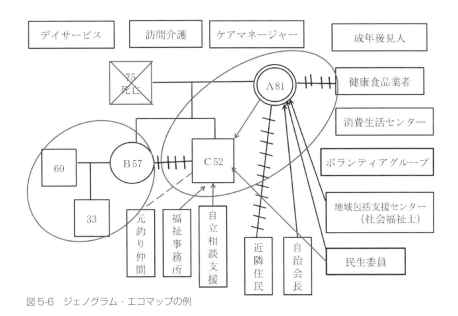

図5-6　ジェノグラム・エコマップの例

　奮起して今までやっていなかったことを頑張るとか、別の家族がその役目を引き継ぐとか）問題状況は解決されないことが多い。場合によっては家族以外のケアチームのメンバー、例えばなじみのヘルパーさんの異動などで介護システムが大きく変化することもあり、環境要因としての人間関係の把握は非常に重要である。

　支援の対象者や家族が持つ引き込む力が強いと、周りの援助者が取り込まれ、疑似家族的な関係になって疲弊していくことがある。取り込まれるのを承知で、脱出の手立てをとったうえであえて近い位置で支えることはあるが、多くは自覚なく「取り込まれ」脱出できずにもがいている。援助者が密に接し、対象者から強く必要とされる状態は、一見安定した援助関係に見えなくもない。強く必要とされることで援助者としての自尊心も刺激され満足感も得られる。しかし、全方位的に見ると、利用者の枠組みのなかに引き込まれ、都合のよい役割を担わされている、ともいえる。これ

は本当の意味での援助関係といえるだろうか。利用者の枠組みをはずした
よりよい関係を再構築しないと、ズブズブと泥沼にはまり援助者にも利用
者にも悪い結果しか残らない。「あのケースについてはなぜか、普段やら
ないような密な訪問をしてしまう」であるとか、「なんだか気になってほ
っておけない」、といったいつにない感覚があるときには、エコマップ上
に自分がどの位置から誰に向けた、どのような援助をしているかを位置づ
けてみるとよい。通常の援助者の位置ではなく、家族システムのなかに入
り込んでまるで家族であるかのようなポジショニングになっていることに
気づける可能性がある。

　また、スーパービジョンの際に事例提供者がはまり込んでいるように見
える場合は、特定の場面を思い出してもらい、「このとき、あなたは気持
ち的にはどの位置にいましたか」「その位置は普段のあなたが援助者とし
てとるポジションですか」「この位置は意図的にとったのですか」等の質
問を投げかけることで、自分の立ち位置が視覚的に示され、無意識に入り
込みすぎていたことが意識化されることもある。

3節　生活史（時系列図）

生活史の活用

　本人が生きてきた道筋を知るうえで生活史の作成は重要である。本人は
何らかの問題を抱えて支援が必要な状況になっているわけだが、その現状
のみに目を向けてしまうと問題解決型の支援になってしまい、本来あるべ
き自立支援から遠のいてしまう。買い物ができないからヘルパーを、入浴
できないからデイサービスを、というよくある対応は、問題の構造を捉え

ずに実施すると表面的な問題解決にとどまり、自立支援が置き去りにされる危険をはらんでいる。

　生活史を作成する過程で問題を抱えている現状だけを切り取って見るのではなく、ライフイベントを通じて、本人の生きてきた過程に目を向けることが大切である。援助者は、援助を必要としている「今」だけに着目しやすいが、さまざまな文脈を持った過去の延長線上に「今」があることを忘れてはならない。例えば、今現在は認知症が深まりさまざまなことに援助を必要としている対象者が、現役で活躍していた頃には何をどのように築き（家庭・子ども・地域との関係性・財産・地位）、高齢になり何をどのように失ってきたのか（家族・友人・健康）、また、人生におけるさまざまな問題をどのように乗り越えてきたのか、そのとき支えてくれた人・物・信条は何だったのかを知ることで、3章・4章で示した領域C（客観的問題）や領域D（主観的ニーズ）の手立てを構築していくときに大きなヒントとなる。特に、家族に転機が訪れたときにいつ誰が何をどのように対応したのか、家族のシステムがどのように作動したのかを聞き取り記述することで、その家の決め方、対処の仕方、そのときに力を発揮した人が見えるようになるため、家族システムのなかの本人を意識して生活史をアセスメントするとよい。特に危機的状況での対応は、その人のストレングスがとてもよく表れるため、しっかりと把握し手立てに活用するように意識する。本人の人生の奥行きにつながるライフイベントの例としては、結婚・引っ越し・退職・介護・死別等の人生の節目の際のエピソードがある。これらはその人を多面的に立体的に捉える際の手がかりになる。これら節目の出来事は本人の人生において重大な意味を持ち転換点となっていることが多く、人生観や価値観に与える影響が大きい。また、過去のピンチの際の対応には、価値観や対応力がはっきりと現れるため、どのようにピンチを抜け出したのかを知ることには大きな意味がある。これらのさまざまな今につながる出来事を受け取ることで、本人が作り上げてきた「どうしてもゆ

ずれなかったもの」（価値）などが、本人の語りから浮かび上がってくる。

　家族には生まれ育った家族、結婚し作り上げた家族、老いて子どもが巣立った後の家族、配偶者との死別後の家族など、一つの家族でもさまざまな変遷があり、生まれ育った家族では、価値観・判断基準が形成され、家庭ではパートナーとの役割分担や意思決定のやり方が形成され、巣立ちや死別後の独居などの際にもそれまでに培ってきたものが、意思決定に大きく作用する。その家族の成り立ちや変遷を理解することは、家族システムの把握にもつながることが多く、問題解決に直結する。

生活史の作成方法とその留意点

　生活史を作成する際の留意点を表5-3に示す。単なる情報として作成するのではなく、その人のストレングスを見いだす意味づけをおこないながらその人や家族の歴史の全体像を描く意識が必要である。

　具体的な作成手順の例としては表5-4のようになる。このプロセスは対象者理解を深め、臨床像を描いていく重要な要素であり、解決の手立てを構築していく際にも大きな手がかりとなる。特定の時期を境に問題が多発するケースなど、その本人・家族のターニングポイントとなった時期が鮮明になる場合もある。

　このようにして描いた時系列生活史の例が図5-7である。ライフイベントを一覧的に見ることで、家族のターニングポイント、家族のあり方、意思決定の形などの仮説を立てることができるようになる。例えばA（母）の23歳での結婚はこの当時としても早いのでは？　出産が結婚の次の年ということは授かり婚？　長女の結婚・出産と長男の高校中退・家出が同じタイミングだがこのとき長男に何が起きていた？　家出以降の長男の生き方は？　30年を経て同居するきっかけは？　などなど、家族のあり方に関するさまざまな仮説と疑問が生じてくる。もちろんこの全てをあきらかに

表5-3　生活史を作成する際の留意点

本人・家族の状況や出来事、社会の出来事を時系列に整理する

①本人の人生の振り返りと自分の人生を肯定的に捉え直す機会とする
②本人の家族、人間関係の変化を知り、変化のなかで変わらなかったもの（家族の持つパターン）を見つける
③生活史の語り口から本人の生き様、価値観、決定の仕方の傾向などを知ることを意識する
④生活史のなかに、本人とその家族の持つストレングスを見つけ課題解決に活用する
　　→今はパワーレス状態に見えても、生活史から把握したストレングスは課題解決に活用することができる

※家族と一緒に作る→ 家族との共同作業の様子そのものが、家族システムをアセスメントする機会となる
※ジェノグラムやエコマップをライフステージごとに付けると、変化を視覚的に捉えることができる

表5-4　生活史作成の手順

①本人（家族）の誕生から今に至る時系列の表を作る
　重要な出来事（ライフイベント）を盛り込む
②出生地（思い入れのある土地）やそれにまつわるエピソードも本人を知る重要な手がかりなので意識して聞き取る
③当時の世相も考えてみる（経済状況・進学率・性別役割等）
④本人（家族）と一緒に作成する
⑤出来事だけではなくライフステージごとの課題解決の仕方を聞いていく
⑥家族の変化をジェノグラム・エコマップで表す
⑦ひととおり書き終わってから相談者と一緒にストレングスを拾い上げていく

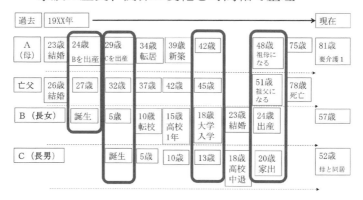

図の上部タイトル: 家族の歴史、関係の変化を時間軸で整理

過去	19XX年 →						現在	

A (母)	23歳 結婚	24歳 Bを出産	29歳 Cを出産	34歳 転居	39歳 新築	42歳		48歳 祖母になる	75歳	81歳 要介護1
亡父	26歳 結婚	27歳	32歳	37歳	42歳	45歳		51歳 祖父になる	78歳 死亡
B (長女)		誕生	5歳	10歳 転校	15歳 高校1年	18歳 大学入学	23歳 結婚	24歳 出産	57歳
C (長男)			誕生	5歳	10歳	13歳	18歳 高校中退	20歳 家出	52歳 母と同居

ジェノグラム&エコマップと併用し、家族の歴史と関係の変化を示す方法も

図 5-7　時系列生活史の例

する必要はないが、同居の長男と母親の関係性や意思決定の形などはこうした過去のなかにヒントが隠されていることが多いことを意識すべきだ。

4節　パターン図（円環的思考による図式化）

パターン図を用いた円環的思考とその活用

　円環的思考（柔軟な思考）とは、信念をできるだけ排除した思考で、現状の問題は相互作用により生じているという見方である。その逆に「こうである」「○○の方が正しい」と信じて疑わない、原因と結果を直結させる見方を直線的思考（固定概念）という。

　悪循環やデフレスパイラルといったよく耳にする言葉も円環的思考をベースにしている。原因が結果にもなり、結果が原因にもなるという見方で

ある。一般的には原因から不可逆的に結果が生じると考えがちであるが、本人の支援においては、原因がさまざまな環境との相互作用により悪循環を起こしていることがある（以下の悪循環に関する考察は、長谷正人『悪循環の現象学──「行為の意図せざる結果」をめぐって』ハーベスト社の内容に基づいている）。

　悪循環とは、本人自身が問題を解決しようとする行動に出るが、この行動自体がさらに問題を生み出してしまう原因となり、問題解決するどころかさらに増幅し繰り返される状態である。この悪循環を見える化したものがパターン図である。

　さまざまな対応をとっているにもかかわらず問題が解決しない場合は悪循環に陥っている場合が多く、これまでと同じ対応を繰り返しても同じように失敗に終わる可能性が高い。こういう場合はアセスメントの際、パターン図を支援チームで共有し悪循環をどのように断ち切るかを検討する必要がある。

　例えば、娘の帰りが遅い→父親は娘が帰ってくると説教をする→娘は反抗する→娘は父親と顔を合わせたくないのでさらに帰りが遅くなる→父親はさらに激怒し制裁を強化している場合。このケースでは父親が娘の帰りが遅いことを心配して何とかしようと試みるが、その試み自体がさらに事態を悪化させているという状態である。その様子を視覚化したのがパターン図である。このケースの例を図5-8に示す。

　では、悪循環を断ち切るにはどうすればよいだろうか。例えば、以下のように親の側が行動を変化させてみる。娘が遅く帰ってくる→鍵をかけて寝たふりをする→娘がチャイムを鳴らす→遅かったねと怒らずに迎え入れる→翌朝も怒らずに対応する→親への反発が収まる、といった対応である。この様子を視覚化したパターン図を図5-9に示す。

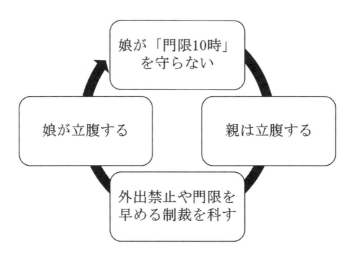

図 5-8　悪循環に陥っているパターン図

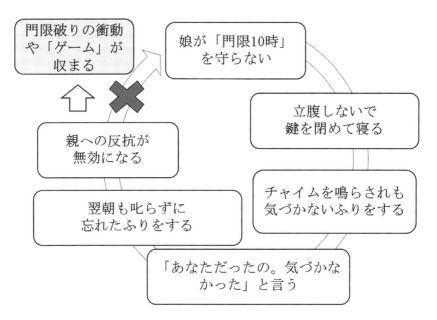

図 5-9　悪循環を断ち切るパターン図

悪循環から脱却するための対応

　悪循環からの脱却に対する対応を整理すると以下のようになるであろう。悪循環とは「問題行動」と「偽解決」の連鎖であり、偽解決は「問題」の本質へのアセスメントが不十分で、目に見える問題を解決しようとする行動である。しかし、問題の構造がつかめず、本人の臨床像も不明確であるため、問題の本質へのアプローチができず、一度は解決したように思えても同じ問題が繰り返され、より困難性が増してしまう。このように、問題が繰り返される責任の一部は援助者自身にある。悪循環から脱するためには、悪循環の原因を一つに限定せず、パターン図等を使用し状況を俯瞰し柔軟な思考に切り替え、援助者自身のアプローチを変えたほうがよい。その際には理論より、援助者間のコミュニケーションが有効になることもある。専門職による客観的問題へのアプローチのみで援助が展開しているときにも悪循環は生じやすいため、全方位型アセスメントによって本人の主観的領域を捉え直し、本人の主観的ニーズに視点を置くことで悪循環を脱却する手がかりが得られる。堂々めぐり・失敗のループが生じているときにパターン図を書くことで、それを断ち切るきっかけを探すのに役立つ。本人と一緒に、これまでの行為を労いながら聞き取った事実を記述していくと、とても頑張ってはいても上手くいっていないことが見える。先述の父と娘の例でいえば、娘を想う気持ちは承認しつつ、関わり方が失敗のパターンになっていることに父親自身が気づき、何か一つでも関わり方を変えない限り、また同じことの繰り返しになることを認識するきっかけを作るわけである。怒鳴りたいのではなく、心配していることを伝えたいという気持ちを受け取り、例えば鍵をかけて寝たふりをするという今までにないアプローチを試みることで負のループを断ち切り、本来の思いを伝える関わりに転換を図ればよい。援助者が一方的に解決策めいたことを示すのではなく、本人と一緒にパターン図を描いて、その図を眺めながら共に考

えて、問題を浮き上がらせれば、本人は問題の生じている場面を「ここを変えたい」と指し示すことができるかもしれない。それによって本人の主体としての意識が高まり「なんとかしたい」「自分の行動を変えたい」という気持ちが生まれるかもしれない。ここで重要なのは、父親が悪循環に気がつき、自ら変えたいと考えるきっかけやチャンスを提供することである。「あなたのそういう態度が娘さんの反発を招いているのです」と言われても、それは客観的にはおそらく事実であるにしても、父親の主観には届かない。他者から見立てを押しつけられても当人が腑に落ちていなければ行動を変化させることはできない。逆上して暴力をふるいかねないなどリスクが高い場合を除き、あくまで本人を主体としないと偽解決による悪循環は断ち切れない。

6章　事例検討に活かす全方位型アセスメント

　本章で解説する内容は以下の通りです。３章及び４章の内容を把握したうえでお読みいただく必要があります。

> ・相談支援における事例検討の重要性とその具体的方法
> ・事例検討で全方位型アセスメントを活かす方法
> ・事例検討で全方位型アセスメントの力を向上させる方法
> ・ここまで示してきた全方位型アセスメントやツールの活用方法
> 　を事例に基づき解説

1節　事例検討の重要性

総合相談支援と事例検討

　本章からは、事例検討の進め方を見ていく。本章において事例検討とは、他職種も交えて全方位型アセスメントにより事例を検討する行為のこと、事例検討会とは検討を実施する場のことを指す。

　高齢者の分野では、行政や地域包括支援センターが主催し多職種連携で実施する「地域ケア会議」が介護保険法に位置づけられ実施されているが、障害、児童、生活困窮等の分野では事例検討の実施は法的に定められていない。一方で国は、地域共生社会の実現に向けて市町村における総合相談支援体制の構築を課題としている。今後は単一機関では支援困難な事例の

増加も予測されており、各市町村独自の総合相談支援体制の構築が求められている。

　総合相談支援を実施する組織に求められる役割は、解決に至るまでＰＤＣＡを管理することである。また、具体的支援計画を策定する前段には、全方位型アセスメントによる仮説構築と問題や課題の明確化が必須である。総合相談における支援開始からの流れは以下のようになる。

　支援開始
→複合的な課題を抱える事例の一次アセスメント（初期仮説の構築）
→支援に必要な多職種（機関）の選出（初期仮説に基づく人選）
→関係者を集めた事例検討会の開催（幅広い集合知の結集・二次アセスメント）
→問題・課題の明確化（それぞれの領域の専門職による見立て）
→具体的な支援計画の作成（Plan）
→支援計画の実行管理（Do）
→モニタリング、評価（Check）
→再アセスメント（Action）

事例検討における多職種連携の意義

　このＰＤＣＡサイクルをスタートさせるのが一次アセスメントであり、一次アセスメントを元にさまざまな専門職の知見を集めて問題や課題を明確化し支援計画を練り上げ、よりよい援助を作り上げていくのに力を発揮するのが、多職種参加による事例検討である。総合相談において困難性が高いのは、複数の課題が複合的に絡み合っている事例への対応である。例えば、子どもの不登校の問題が、高齢要介護者の心労と主介護者の精神疾患に影響を与えている場合を考えてみよう。主介護者の精神の不安定さが

高齢要介護者の生活支援と子どもの養育にも悪影響を及ぼし、認知症の悪化や、不登校の加速につながる恐れがある。複数の問題が連鎖しているため、世帯構成員それぞれの問題を単体で取り上げて個別に対応しても、解決に向かわず援助者の困難感は非常に高くなってしまうだろう。

　この例において、要介護高齢者の支援のために地域包括支援センターの職員が援助を開始した場合、高齢者の認知症の問題には対応できるが、主介護者の疾患については対応が難しい。ましてや孫の不登校については、要介護高齢者本人や主介護者の主観的側面へのアセスメントが不十分な場合には、問題が存在していることすら察知できない可能性もある。もちろん、認知症から、精神疾患、子どもの不登校にまで及ぶ幅広い問題に一人の援助者が精通できるはずもない。しかし、本人の主観的な側面への視点が少しでもあれば、今の生活状況に大きく影響している要素の存在を、それが何かは確定できなくとも嗅ぎ取ることは可能である。

　この例でいえば、本人の困りごとを掘り下げることで主介護者から受ける影響を判断し、主介護者に精神保健領域の課題が存在するという仮説を立てることは可能である。そのうえで、精神保健領域の知見を持ち、解決に力を貸してくれそうな人に事例検討への参加を依頼するところまでは地域包括支援センターの守備範囲になるだろう。主介護者にも援助者がつけば、子どもの不登校も把握され不登校への対処が可能な援助者が対応を始めることにつながっていく。自分が苦手な領域についてはその領域のプロの力を借りることが肝要であり、それこそが多職種で事例検討をおこなうことの意義である。支援の検討段階から連携をとることで、実際の支援展開においても絵に描いた餅にならない多職種連携が展開できるようになる。

事例検討が持つ教育的要素

　事例検討は、対人援助専門職の成長を促進し、実践を支えるピアスーパ

ービジョンの要素も併せ持つ。対人援助専門職はその職務遂行に必要な知識や技術を習得していることを前提として、そのうえで専門職として自律的に判断して援助行為を実施する。正当な根拠なく専門家の判断に介入することは誰にもできないため、ある意味で孤独で、重い責任を伴う行為である。そしてその判断の精度や妥当性が担保されなければ、専門職として社会に認められることはない。だからこそ、多職種で事例検討をおこなうなかで、得られている情報をもう一度全方位型アセスメントの観点から捉え直していく必要がある。自分に何が見えていないか、何が得意で何が苦手かをくっきりと浮かび上がらせ、自らの実践を内省し、専門職としての価値と倫理に照らして検証することが援助者の成長に不可欠なのだ。実践を振り返る方法として広くおこなわれている事例検討は、よりよい支援にも貢献し対人援助職の成長にも寄与する、一粒で何度もおいしい非常に効率的なツールといえる。

2節　事例検討で磨き事例検討に活かす
　　　全方位型アセスメント

事例検討におけるアセスメントの重要性

　相談援助においてアセスメントが重要であるのと同様に、事例検討においてもアセスメントの精度が問題になる。必要な情報が収集されていなければ参加者が臨床像を理解し、問題の構造を把握することは困難となり、幅広い集合知を結集して二次アセスメントをおこない、よりよい支援の方向性を打ち出していくことはできなくなる。つまり、事例提供者のアセスメントの精度によって事例検討の結果は大きく左右され、アセスメントが

不十分なまま対応方法を協議しようとしても課題解決には至らないということである。もしあなたがこれまで参加した事例検討が今ひとつ効果を上げていないと感じているならば、それは事例提供者や事例検討を主催する担当者のアセスメントが原因となっている可能性がある。

　事例提供者による一次アセスメントが不十分な場合は教育的な要素が主となり、事例の検討や課題解決は後回しにせざるを得ない。しかしそうした場で多職種が持つ知見の提供とスーパーバイザーのサポートによって援助に必要な情報を確認し、情報の意味づけをやり直しながら臨床像を再構築することは、アセスメントの精度を向上させる。事例検討を通じてこうした経験を積み上げることが事例提供者の実践力の向上につながる。多職種の前で自らの実践事例を提示することは強い緊張感を伴うが、そうした場でアセスメントを磨いてこそ専門職たり得る。

事例検討で磨く全方位型アセスメントの力

　本来、相談援助職の専門教育の仕組みのなかにアセスメント力を向上させるプログラムが存在すべきであるが、事例検討以外の場で他者のアセスメントに触れる機会は事実上ほとんどなく、それぞれの援助者は自らのアセスメントを他者の前に提示したり、他者のアセスメントに触れてその思考をたどったりする機会を持っていない。そうした現状から考えると、事例検討という場は非常に重要なアセスメント力向上のチャンスである。さらに、事例検討の場に多く提示されるいわゆる困難事例、より正確には事例提供者が困難感を抱く事例におけるアセスメントは、全方位的な視野に欠け専門職視点に偏っている傾向がある。そうした場できちんと臨床像を描き、問題の構造を共有し、本人の主観的ニーズも充足する全方位型支援を模索し課題解決の糸口をつかむことは、事例提供者や参加者のアセスメント観を転換させ、全方位型支援の重要性に気がつく機会にもなる。

筆者（伊藤）は多くの地域ケア会議の立ち上げに参画し、現在も多くの地域ケア会議に参加しているが、検討する事例の確保に苦労している主催者はいまだに多い。しかし地道に全方位型の事例検討を続けている地域ケア会議においては、事例提供で得られる効果が現われている。事例提供することで見えていなかった、見ようとしなかった部分が鮮明になり、本人の主観的ニーズに届く支援を構築することで課題解決につながるのだ。そしてその事例の解決のみならず、事例検討を通して全方位型のアセスメントを学ぶことは、その力を向上させ、他の援助に活かすことにもつながっている。

事例検討に活かす全方位型アセスメントの力

　事例提供者による全方位型アセスメントの精度が高い場合には、事例検討会の主催者は解決に必要な参加者をあらかじめ選定し、参加者はより早く正確に臨床像と問題の構造を把握できる。そのため、短時間の事例検討でも具体的な援助方法を構築し、地域課題の発見にもつながる。事例検討に質の高い全方位型アセスメントが活かされると、短時間で高品質のアウトプットを得ることができるようになる。注意が必要なのは、あくまで質の高い全方位型アセスメントがあるからこそこのようなアウトプットが可能なのだということだ。専門職の客観的な視点のみではこのようにはならないし、主観的領域を外しても上手くいく支援なら、そもそも事例検討にかける必要もない。

　したがって、地域の相談援助職のアセスメント水準が向上するまでの間は、スーパーバイザーやアドバイザーの力量を持つメンバーを加えて事例検討を通じて全方位型アセスメントの力を磨き上げることが理想的である。しかし、現実的には実践知とスーパービジョン技術の双方を高いレベルで取得したいわゆるカリスマスーパーバイザーがどこの地域にもいるわけで

はない。また、スーパーバイザーとスーパーバイジーの関係性のなかだけ
では、スーパーバイザーの能力以上の気づきは得ることは難しい。事例検
討会参加者が全員参加でそれぞれの専門性に基づく視点から、情報を収集
し本人の全体像を共有し、課題を立て、手立てを考えるという全方位型ア
セスメントを用いた事例検討会は、カリスマに頼らず地域の援助者の集合
知を活かして、お互いを高め合える場となる。

3節　事例検討の展開と全方位型アセスメントの活用

　ここからは、全方位型アセスメントを用いた事例検討の具体的方法につ
いて事例を用いながら解説する。
　これから紹介する事例のように、世帯内にいくつかの課題が複合的に存
在する事例に関しては、単一の支援機関では対応が困難になる。そこで、
最初に関わった機関が世帯全体の問題を概括的に把握し、関係機関を招集
し多職種連携による総合相談支援のための事例検討会を開催する必要があ
る。

全方位型アセスメントを活用した事例検討（全方位型事例検討）の工夫

　事例検討にはさまざまな方法があるが、本書の根幹である全方位型アセ
スメントを活用した事例検討（全方位型事例検討）をおこなう際には以下の
ように工夫するとよい。

　①事例提供者の負担軽減（事例シートはA４一枚で）
　通常の事例検討会では、事例検討に向けて膨大な資料作成が必要となる

ことが多い。事例提供者の負担が大きく、事例検討への参加に消極的になる要因になっている。また、情報が過多になることにより、事例検討会参加者は事例を読み込むことに注力し、事例内容の考察が不十分になりがちである。そうした点を解消するために、事例シートに記す概要はＡ４用紙一枚程度に収める。事例シートだけでは把握できない情報は、事例検討会参加者からの質問に事例提供者が答える一問一答方式で進める。事前に情報を多く提供すると、情報に引っ張られ見立てが狂うことがあるため、最小限の情報のみを提供しておき、質問を通じて必要な情報を収集する。その際、主観的情報と客観的情報を精査する。このことは、少ない情報から仮説を生成し深めていく訓練にもなる。

②事例検討会の進行スケジュールを決める（約90分）

全体の進行方法を標準化するために、限られた時間で事例の見立て（アセスメント）と手立て（支援計画）が立てられるよう時間配分する。こうすると、時間管理が必要な地域ケア会議などへの応用もおこないやすくなる。所用時間に関しては、問題の抽出や課題設定が明確なカンファレンス的事例検討では短めに、参加者の実践力の向上を主目的とした研修的事例検討などでは長めに設定するほうがよい。事例検討の目的や参加者の状況に合わせて柔軟に変化させよう。

③多機関・多職種の参加で実施する

その事例の見立てに必要と思われる専門職や専門機関や、いわゆる専門家だけでなく、本人の暮らしや人生に大きく関わる人、地域課題のステークホルダーなどに出席を依頼する。

出席を依頼する理由を明確に伝えて、見立てをおこなう際は各専門職の視点やその参加者ならではの視点を意識して参加してもらうことにより、本人の主観的領域への理解が豊かになり、事例提供者以外の専門性も加味

した全方位的な視点が得られる。

　④事例検討を進める際に、特殊な技術を必要としない（ホワイトボードの活用）

　全方型アセスメントの基本を身につけた参加者が最低一人進行に協力すれば、ホワイトボードを使用することで参加者との視覚化・共有化ができるので事例検討に集中しやすい。事例検討に不慣れな参加者でも、ホワイトボードに展開される検討経過を追いかけていくことで事例への理解を深めることができる。サポートを受けながら参加することを繰り返し、全方位型アセスメントの能力が向上していけば、ファシリテーションや特別な司会進行の技能を持たなくても、グラフィックスやマインドマップのような習得に時間がいる技術がなくても、自分自身で事例検討の進行ができるようになっていく。

　⑤事例検討会参加者との合意形成を重視する

　事例検討参加者は支援チームとして支援にあたるチームメンバーでもある。問題、課題、具体的方法、役割分担等への理解と納得が重要となるため、ポイントごとに合意形成をおこなおう。合意形成をおこなうことでチームメンバーとしての当事者意識が高まり、ケースにおける意味づけを共有し同じ問題・課題認識のもと、解決に向けた統一的な行動を取ることが可能になる。

　⑥個別事例を検討する過程で地域課題も抽出できる

　地域ケア会議等では本人の地域生活支援も重要なテーマであり、地域生活を継続するうえで必要な課題（見守りや居場所）等にも目を向けることとされている。しかし、個別事例の検討までは実施できても、地域課題を取り扱おうとすると行き詰まるとの声をよく耳にする。問題を構造的に捉え

る全方位型事例検討では、こういう構造の人が地域に他にもいるとか、この前も同じ構造で苦労した、という声が上がることで個別事例の検討を通じて地域課題への気づきが生まれるため、回数を重ねることで本人の課題だけでなく地域課題も抽出することができるようになっていく。

⑦モニタリング時期を設定する

全方位型アセスメントは実践スキルなので、支援計画が策定されたら実行期間を定め必ずモニタリング会議を設定する。ＰＤＣＡサイクルを経て、課題が全て解決された時点で援助を終結するという意識を持つ。地域ケア会議などでは検討しっぱなしでフィードバックがおこなわれないケースが散見されるが、やりっぱなしを防ぐためにも必ず次回の検討やモニタリングを設定する。それにより援助のＰＤＣＡサイクルが機能し、解決にたどり着くことができるようになる。

⑧本人支援のための事例検討会であることを意識する

全方位型アセスメントは、あくまで本人中心のアセスメントであり本人の意思決定も含めた支援のために実施される。本人の主観的ニーズを軸に援助が設定されれば、本人の力も引き出され本人の意思が尊重されるようになる。そうした支援は専門職視点での支援よりも解決に至る可能性が高まり、結果としてケアマネや支援機関職員が一人で抱えていた課題が解決し、負担が軽減されることにより、支援者である専門職を支える効果が期待できる。主たる目的はあくまで本人支援であるが、ケアマネや支援機関職員が支えられ、癒やされる効果も確かに存在する。

全方位型事例検討会の流れ

事例検討に必要な時間は問題の複雑性や情報把握や整理の度合い、事例

表 6-1　90 分程度で完結する全方位型事例検討会の流れ

1	オリエンテーション 自己紹介	適宜	●主催者から、事例検討会の趣旨と守秘義務の確認をする。守秘義務の同意書に関しては出席者名簿と兼ねた書式を用意したうえで口頭による説明をおこなう。 ●所属　氏名　所属先での立場（相談員　管理職等）や職種、事例対象者との関わりを述べる。 あらかじめ座席表に大まかな内容を記入しておくとよい。
2	事例概要の説明	10分	●事例報告シートに沿って、検討をおこなう事例概要と、検討してほしい事項を説明する。 ①事例のタイトル　②事例概要　③事例の提出理由　④検討課題 特に④検討課題は事例提供者が何を解決したいかというポイントになるのでしっかり確認しておき、終了時に解決に至ったか評価することが重要。
3	質問による 情報の収集	30分	●事例提供者から、事例をアセスメントするうえで必要と思われる情報を収集する。 事例検討会参加者が、必要と思われる情報に関する質問をして、事例提供者が回答する。回答の内容を板書者がホワイトボードに記入する。 一問一答形式で進行者が進める。その際、参加者は自身の専門性を意識して簡潔に質問する。 事例提供者が質問に回答できない場合は、必要に応じて後日情報を収集する。 十分な情報が集まらないとアセスメントに反映されないため時間をかけておこなう。
4	問題点の把握	15分	●集められた情報から問題点を把握する。 問題点をしっかり把握することで課題に転換できる。 この時点では、本人の問題と環境の問題を区別せず自由に抽出してもらう。
5	ストレングスの把握	10分	●本人や環境の強さ、強みを把握する。 問題を課題に転換する際に、ストレングスを活用するため、しっかりと把握しておく。
6	課題の検討	15分	●抽出された問題を「本人の問題」と「環境の問題」に区分整理しながら、同様な問題を解決するための課題設定をおこなう。 例えば、ゴミ出しができない、被害妄想がある、買い物ができないなど認知症が起因する問題であれば、認知症の対応を検討するというように大きなくくりにして課題を立てる。具体的対応は具体的方法の検討の場面でおこなう。
7	具体的方法の検討	10分	●対応する機関や人の機関の検討、及び合意形成をおこなう。 課題解決のための具体的方法は、相談支援では重要な部分になる。 事例検討会参加者の知恵を出し合い議論する。その際必要に応じて医療・法律・地域生活支援関係者など多職種・他機関の参加があると解決策が得やすい。 最後に、役割分担の合意形成をおこなう。

提供者及び参加者の力量によって異なるが、現実的な側面から見れば90分程度、長くても120分程度で一定の対応策が見いだせる形が望まれる。事例検討に不慣れな場合は情報収集と課題検討にもう少し時間をかけ、丁寧に実施する必要があるだろう。90分程度で完結する前提での事例検討会の流れの例を表6-1に示す。アセスメントが不十分な事例を短時間で検討しようとすると内容が深まらず形式的なケアプランチェック以上のことはできないため、最初から短時間での事例検討を企画するのは避けるべきである。

　いずれにしても、ベースとなるアセスメントの精度が大きく影響するため、地域での事例検討実施状況やアセスメント能力の水準によってはスーパービジョンによるアセスメント力向上を目的とした事例検討を別に設けたほうがよい。事例検討の進行に習熟した司会進行役が得られない場合や、事例提供に不慣れで事例作成が困難な場合にはアセスメントに特化した学習会や模擬事例検討会などを継続して開催し、地域全体のアセスメント力の底上げと事例検討の習熟、司会進行役の育成という土台作りをおこなうことが非常に重要となる。

全方位型事例検討会の実例

　ここからは実例を元に、全方位型事例検討会の展開を見ていく。

　1. オリエンテーションと自己紹介

　まずは、事例検討会の趣旨を主催者から説明する。地域ケア会議など、継続的に繰り返し開催する場合は、「グランドルール」という形で書式にして冒頭で確認するとよい。大きな緊張にさらされる事例提供者への配慮については特に注意を払うべきである。

　次に、参加者の自己紹介をおこなう。自己紹介の際は、氏名、所属組織、

職種、組織での役職等を紹介してもらう。自己紹介には参加者が持つ専門性を把握し発言背景を推測し、援助チームを形成していく意味もある。組織での役職（立ち位置）に関しては、役割分担のときに組織を動かす力（決定権の有無）等に関係するので確認しておくとよい。特に司会者にとってはそれぞれの参加者の専門性を把握して進行に役立てる材料になる。できれば氏名と所属・職種・役職程度を記述した座席表を用意して配付しておき、各参加者が一言挨拶する形をとると時間の短縮も図れてよい。

2．事例概要の説明

　ここから事例の内容に入っていく。まずは概略の説明である。事例提供者は単に書いてある文章を読み上げるのではなく、事例や対象者を理解するのに必要な情報については適宜追加しながら説明をおこなう。タイトルや提出理由には事例提供者の思いや考えが反映されるので、参加者は注意して受け取る。この段階では検討課題が曖昧な場合もあるので、司会が確認の質問や整理をおこなうのもよい。

・事例タイトル
　三世代にわたり、生活課題を抱えているケースの支援について
・事例提出理由
　世帯員それぞれが、障がい、疾患、生活困窮、介護等の問題を抱えており、複数の支援機関が関わっているが、解決の糸口がなかなか見いだせないでいる。
・課題（何を検討したいのか）
　課題解決に向けて、どのような介入をおこなうべきか、また、世帯全体を支援する方法について助言をいただきたい。
・事例概要

本人Mさん（50歳代後半女性）。難病を抱えた母（80歳代後半）と精神的に不安定で未就労の長女（30歳）の３人世帯。別世帯で13年間引きこもりの長男（30歳代）と、遠方に住む次男（20歳代）がいる。

　本人は脳血管疾患を指摘されていたが、無収入のため受診せずにいたところ、2018年11月に脳出血を再発。入院加療するも身体障がいと高次脳機能障害の後遺症が見られる。

　在宅復帰の予定であるが、同居の家族は介護力が低く、経済的理由から介護サービスの利用も十分にできない状態である。本人の思いは、自分自身だけでなく、引きこもりの長男や精神的に不安な長女の将来が不安なこと。どうしたらよいかわからず、誰かに力になってもらいたいと思っている。

　地域包括支援センターは、Mさんの支援のみではなく同居の母や長女、引きこもりの長男に対する支援も必要であると判断し、Mさんの了解を得たうえで、地域ケア会議を設定し事例検討会の場で、この世帯の支援に関する話し合いをおこない、役割分担を設定することになった。

事例検討会メンバーの選定とその重要性

ここまでの経緯を受け、事例検討会に参加してもらうメンバーを検討し以下のように決定した。

　地域包括支援センター（事例検討会の主催）、市総合支援センター、基幹型地域包括支援センター、保健師、若者サポート支援センター、精神科病院相談員。

　参加メンバーの選定と出席依頼は課題解決のための非常に重要な要素である。事例検討会を参集する側は、必要に応じて予備的な検討をおこなって課題のあたりをつけておき、課題解決への知見を持っている組織や人に参加を要請する。困難性の高い課題の場合には、解決のための提案ができる人材（医療、リハビリテーション、法律、障害支援など）の参加が課題解決を左右する。専門性が高いと自負している職種、多忙な人物に出席を依頼するときには、出席してほしい理由や期待する役割を、しっかりと言語化して依頼することが重要であり、やみくもに多職種多機関に参加依頼をかけることは逆に連携の妨げになる。メンバーの選定は明確な意図を持った狙い撃ちである必要がある。

　多職種チームを形成し具体的に連携を図っていくためにはそれぞれの力を出し合い、突き合わせて全方位型アセスメントを完成させ、明確化した課題について参加者の合意を形成する必要がある。よく福祉職の側から医師や看護師と連携がとりにくいという声が上がるが、全方位型アセスメントが完成し合意が得られれば、明確化され共有化された課題の解決に向けての連携はかなり改善するはずである。連携しやすい医師や看護師に共通しているのは、自身の専門領域についての深い知見があるだけでなく、医療の限界を知っていて、その限界を超えるためにケアマネやソーシャルワーカーをはじめとする福祉職をあてにしてくれることであろう。これはつまり全方位的な視野があり、医療が及ぶ範囲だけでなく及ばない範囲も見えている、ということなのであろう。

　逆にいえば、専門分野の力量が高くても、全方位的な視点がなく、他領

域の力をあてにしていない相手とは連携しにくいということである。つまり福祉職は連携相手だけでは解決できない問題に対して、全方位型アセスメントによって解決を妨げる盲点やその解決の道筋を示す力を持ち、あてにしてもらえる実績を積まなければならない。連携相手には、医師や法律家や行政家や地域の顔役といった一家言を持つ人たちがたくさんいるが、領域や組織を越えて全方位型アセスメントに基づく広い視野から課題を明確にし、言語化して届けることが連携のスタートになる。地域ケア会議等では福祉職の力量を他領域の専門職に示していく必要がある。

3．質問による情報の収集

アセスメントするうえで重要なのは、解決に必要な情報を過不足なく集めることである。通常は事例提供者がアセスメントシートに情報をまとめ、それを説明するという手法をとる。しかし全方位型事例検討においては、Ａ４シート一枚程度の事例概要を提示し、本人の情報を持っている参加者がいる場合には補足情報を追加して事例提供者をサポートする。提示された概要を元に事例検討会参加者が自らアセスメントするとしたらどのような情報が必要かを考えながら質問を出し、事例提供者が回答し、記録者がホワイトボードに記入していく。この作業により、情報がホワイトボードに視覚化され、共有されていく。

この方法のメリットは、事例提供者の資料作成にかかる労力を減少させる、議論の際に手元の資料ではなく視覚化されたホワイトボードに意識が集中する、事例提供者以外が持っている情報が専門性に基づいて追加されることで、断片的な情報で事例検討が始まっても臨床像仮説が構築できる、文字化されることでその都度合意形成が図れる、決定事項はホワイトボードに集約されるため、それを撮影することでとりあえずの共有が図れる、などが挙げられる。これらは受け身にならず主体的に参加してもらうための工夫でもあるが、同時に事例検討を継続的に実施するために極力省力的

であること、さらに参加者が時間を割いて参加するだけの価値、すなわち課題解決につながる成果が得られることを目指すために重要な要素でもある。ホワイトボードは、事例検討の終了までのプロセスを視覚化し、最終的にホワイトボードを見ればそれまでの思考・検討の流れが把握できるものとなり、議事録的な機能を持たせることも可能である。グラフィック化された美しいホワイトボードは確かに魅力的ではあるが、あまりマニアックに凝りすぎずに、平易な記述だけでも十分実用的である。

　アセスメント力をはじめとした実践力の向上を目的としたスーパービジョンや研修の場合や、特定場面を検討したい場合などは、事例提供者以外のほとんどの参加者は当該ケースの情報を持っていないことや、アセスメントを深めるための詳細情報が必要なため援助過程の詳細記述や当該場面の逐語録などの資料を加えることもあり、その場合は所要時間も長くする必要がある。同じ事例検討でも主たる目的によって資料に必要な情報の質や量、そして所要時間は異なる。

質問の具体的な方法

　事例検討において参加者から「質問をどのようにしてよいかわからない」「何をどのタイミングで聞けばよいのかわからない」といった声が寄せられることがある。事例検討における質問は、事例をアセスメントするうえで必要と思われる情報を事例提供者から収集するためにおこなうものであり、事例検討参加者が、対象理解や援助に必要と思われる情報に関する質問をして、事例提供者が回答する。これは、援助場面において利用者や家族に対して援助者がおこなう質問と全く同じに考えてよく、硬くならずにいつもの援助実践のつもりでおこなえばよい。自信がない場合は他の参加者がおこなう質問の意図を考えながら参加するだけでも質問力の向上につながる。ポイントを挙げるとすれば、質問に際して参加者は自身の専

門性を意識して質問することと、他者が質問している際は質問者の専門性を考えてその意図や得られる情報が持つ意味を考え、わからなければ質問者に確認することである。事例進行者は必要に応じて「今の質問の意図を皆さんに説明していただけますか」等の介入をおこなって、参加者の理解を助ける。

　質問は、原則一人一問ずつ根拠に基づいた質問を端的な表現でおこなう。根拠とはその情報が何のために必要で、どのように活用するかが明確であることであり、質問者が根拠を持った問いを発することで不必要な情報を扱うことを防止できる。端的な表現とは、質問の要点をまとめるということだ。長いセンテンスで質問すると趣旨がずれ回答しにくくなり、効率性を損なうことになる。医療関係者は、情報のやり取りを端的な表現でおこなう訓練がなされているが、福祉関係者はストーリーを冗長に語ることが多く見受けられるので端的な言語化を習慣づける必要がある。臨床像全体はストーリーで捉えるべきであるが、質問はできる限り具体的に短く発することが求められる。

　質問する際の注意点としては、詰問するのでなく事例提供者から情報を受け取り、理解する姿勢で問いを発することである。事例提供者が情報を把握できておらず質問に回答できない場合も、アセスメント不足を指摘するのではなくその情報が仮説を生成するために必要なものであることを意識してもらい、後日情報を収集するように促す。これによって事例提供者をはじめとする参加者が多面的な視点を得て、アセスメント力や質問力の向上を図ることができる。

　事例検討は学び合いの場でもあることを強く認識していないと上から目線のつぶし合いとなり、二度とやりたくない経験となってしまう恐れがある。参加者から必要な情報に関する質問が出てこない場合は、事例進行者が促すことも必要であり、例えば「○○に関しての情報は把握していますか」、「事例提供者から伝えておきたい情報はありませんか」、などの問い

かけをおこなっても差し支えない。事例提供者が回答できない場合は参加者（例えば薬に関することであれば薬剤師等）から補足を得るようにすると多職種参加が活きる。

全方位型アセスメントを意識した質問

　以下の内容は多くのケースにおいて確認が必要となる事項である。領域A（臨床像）や領域B（問題の構造）を深めていく意図があるとこれらの情報の必要性は理解しやすいが、全方位型アセスメントの視点がない場合は抜け落ちてしまうことが多い要素である。領域C（客観的問題）だけを考えるのであればこれらの情報は不要か浅い理解でもよいが、臨床像を描き問題の構造をつかむには丁寧に押さえる必要がある。

・要介護状態に至る経緯（介護認定時期、認定を受けたきっかけ、その変化）や判断能力について（特に認知症の場合は確定診断の有無や実際に発揮している能力の程度）
・家族関係（パワーバランス）や同居の有無、援助能力の見積もり
・相談の経緯（特に初回相談：いつ、誰が、どういう意図で）
・金銭管理（誰がおこなっているか、実権を握っているのは誰か、実行能力があるか）

　さらに上記の内容の変遷（過去から現在に向かって、いつから、どのように、の推移）を捉えることも重要である。現在と過去をつなげるために「いつから」という質問は、現在と過去をつなぐ見立ての部分であり時系列で捉え、問題の構造をつかむためにも非常に重要な問いかけである。現在生じている問題だけでなく、過去からの変遷を確認し、問題に関する見立てをおこなうために、いつからどうして問題になったのか、なんでどうして今

の状況が生じたのかを事例提供者から引き出していく。こうした問いかけによって事例提供者のアセスメントが検証され、磨かれていくことになる。例えば判断力の低下が見られているとして、現在の判断力は先天的なものなのか、何らかの理由があるものなのか、だとしたらいつからどういう理由なのか、当人の能力のベースラインを知ることは非常に意味があり領域A（臨床像）・Bの現在と過去をつなぐ見立ての材料になる。さらに、ある時期までは機能していた暮らしやそれを維持するシステムが崩れたとすればいつなのか、なぜなのかは、領域B（問題の構造）の問題の構造を知るうえでのポイントになる。

情報源の確認

　情報源の確認も、情報の信頼度や偏りがないかを把握する意味で非常に重要である。情報源に偏りがある場合には、その情報発信者以外の裏づけを得るようにしないと、その情報源が間違っていた場合に事実との乖離が生じてしまう。例えば同居介護者による情報だけでなく、利用しているサービスの提供者からも情報を得ておくとよい。そうすることで、情報の精度を高め同居家族の判断や認識を推し量る材料を得ることができる。

　例えば受診をしていない状況を事例提供者が「受診拒否」と意味づけているとする。全方位型事例検討ではその情報を得ただけでは止まらず、「なぜ」を追求する。本人の意思なのか、環境的要因によるものなのか、それによって同じ「受診をしていない」という状況でも意味づけが全く異なってくる。受診が必要だとわかっていてしていないのと、受診したいけどできないのでは、本人の状況も、問題の構造も異なり、したがってとるべき対応も違ってくる。拒否しているという情報が本人に確認して得た事実ではない場合には、情報提供者の主観や判断が加味されており、情報の精度に注意を払う必要が出てくる。情報提供者が拒否と意味づけたのはなぜか、

本人理解を伴わない意味づけは時として決めつけによる的外れな解釈を生んでしまうため、注意が必要である。

全方位型事例検討において事例提供者の提供する情報から対象者本人の主観が見えてこない場合によく用いる質問として、「本人の言った言葉をそのまま提示してください」というものがある。全方位型アセスメントではその言葉が発せられた状況と意図をつかむことが大切であり、援助者の解釈がずれている場合、本人の意図や認識と違う解釈が独り歩きしてしまう可能性が高いからである。本人の発言やそのときの仕草や表情は主観的側面を示す素材であり、そのときに聞き取られた言葉が逐語記録として残っていれば判断する材料として活用することができる。そのため、本人の発した言葉を記録に残す場合は、解釈を加えず言った通りに記録しておくことが必要である。このような記録は事例検討会参加者がアセスメントするうえで重要な情報となり得る。

情報の視覚化

回答された情報はホワイトボードに板書していく。記録者は慣れないうちは複数配置するほうが無難だ。書き漏らしがないように筆記していないもう一人の記録者は検討の流れを追いかけ、筆記している側をサポートするとよい。板書することで、やり取りの流れが可視化され、検討の焦点化が図れることや中途参加者がいた場合でも流れを押さえることができるなどの利点がある。事例検討で一般的に必要とされる内容を2面のホワイトボードに示したのが図6-1、6-2である。手元資料を配付しなくてもあらかじめこれらの内容を書いておけば、最低限の情報把握はできるであろう。もう一面、質問への回答や問題や課題の整理に使えるホワイトボードがあると理想的である。

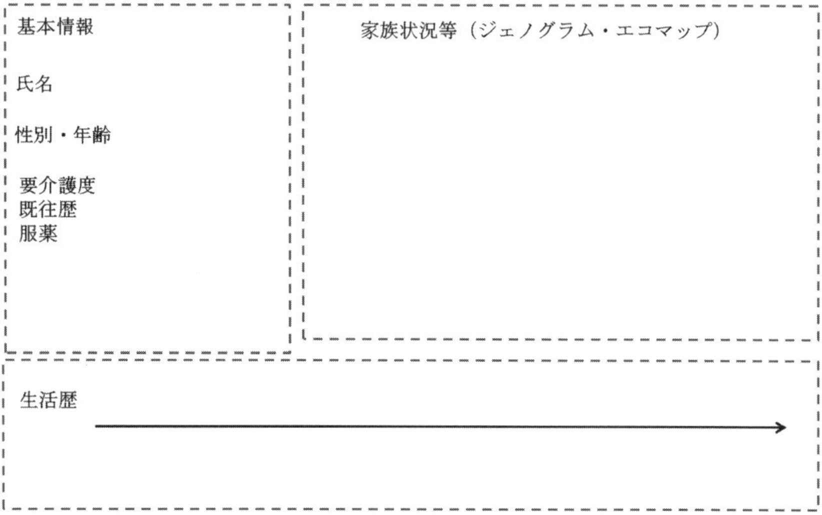

図 6-1　ホワイトボードによる情報の視覚化 1 （出典：野中猛・上原久著『ケア会議で学ぶケア
　　　　マネジメントの本質』中央法規、2013 年 6 月）

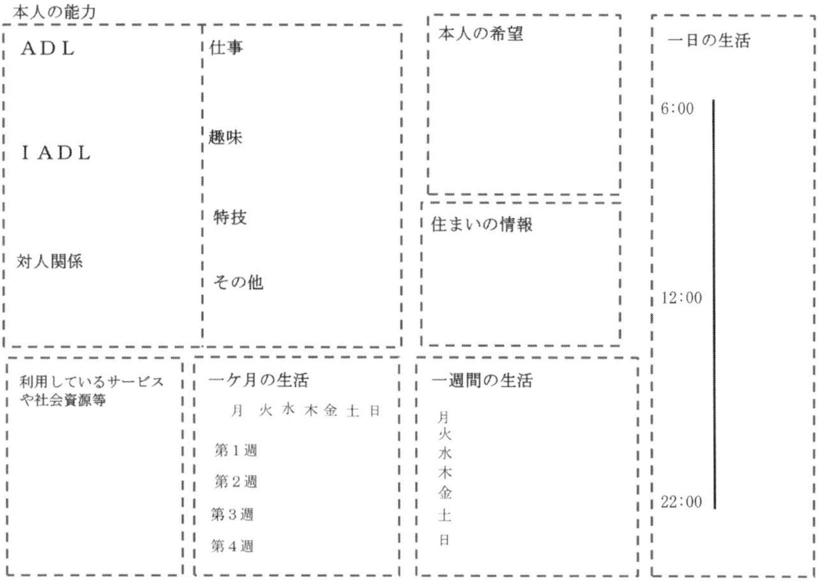

図 6-2　ホワイトボードによる情報の視覚化 2
　　　　（出典：野中猛・上原久著『ケア会議で学ぶケアマネジメントの本質』 p 51 図 -14 を一
　　　　部改変したもの）

必要な情報が得られない場合

　事例検討を展開するうえで重要な情報を、事例提供者が全て把握できているとは限らない。必要な情報が得られない場合にはそれ以上深堀りはしない。一方でその情報が今後のアセスメントに不可欠な情報であれば、その必須情報を集めることそのものが援助上の課題（事例提供者の課題）となる。事例提供者の得ている情報があまりにも少ない場合は、事例検討が進まなくなることもあるが、その場合は事例検討会で必要と思われる情報を整理し、次回までにその情報を誰がどのように収集するかを決めることにより、次回の事例検討会のアセスメントが深まっていく。

4．問題点を把握する方法としての発散と収束

　これまで2章と3章で記してきたように、問題とは、「あるべき姿と現状との負のギャップ」「改善を必要とする現状」である。その問題点を共有することで、その後の話し合いの焦点化を図っていこう。問題点とは改善を必要とする状態なので、「〜である」、「〜ができていない」というように断定する必要がある。そのため問題点はできる限り主語を明確にして具体的に短く表現することが求められるので、説明が長い場合は「一言で言うと」と問いかけをし、端的に表現しなおしてもらうことも必要になる。端的に表現することは参加者のOJTになり、また事例検討会の時間を短縮するうえでも進行者は留意しておく必要がある。事例において改善を必要とする状況は何かを共有する際には、発散と収束を使い分けるとよい。具体的には次のように展開する。

参加者が問題と感じることを挙げてもらう（発散）

　問題には、身体的側面や心理精神的側面、医療的側面や環境的側面など

表 6-2　問題点の列挙（発散）

> この事例において改善を必要とする状況は何か
> 問題点の列挙（発散）＝参加者が問題と感じることを自由に挙げてもらう（自由な発言）
>
> ・世帯収入が少ない
> ・Mさんの退院後の受診が困難
> ・Mさんの長男が引きこもり
> ・Mさんの長男の支援者がいない
> ・Mさんの長女が未受診
> ・Mさんの母親が支援拒否をしている
> ・Mさんの次男の経済的負担が大きい
> ・世帯全体の資産が不明
> ・亡父の遺産相続が未処理
> ・Mさんのインフォーマルな支援者が不在
> ・Mさんの母親の病気が不明
> ・家の中の状況が把握できていない
> ・支援者間での退院後の方向性の共有ができていない
> ・Mさんが望む支援者がいない
> ・支援チームの主幹部署が不明確
> ・世帯全体の生活史の把握ができていない
> ・Mさんの意思決定能力の見立てができていない

さまざまな側面がある。この場面ではジャンルにこだわらず参加者が感じている事例全体に関する問題を自由に発言してもらい、ホワイトボードに板書する。最初から整理しようとすると思考が制限され発言が不活発になるので、この時点では思いついたことを率直に発言してもらってよいし、不慣れな方でも発言できるように出席者に順番に発言してもらう等のやり方も参加意欲を高める。参加者が問題である、改善を必要とすると感じたことを自由に発言してもらい、それを板書したのが表6-2である。

実際にはまだ問題はあると思われるが、時間の制約がある事例検討の場合にはある程度設定した時間で区切る必要があるため、事例進行者（スーパーバイザー）が区切りを判断する。優先度が高いと判断される問題が提示されていない場合などは補足し合意を得ていく必要がある。

　問題の抽出をおこなう場合、領域C（客観的問題）の客観的問題ばかりが提示されることがある。それらの問題は解決すべきことではあるだろうが、領域D（主観的ニーズ）を抜かした状態で進めようとすると上手く解決につながらないことが多い。そのような場合は本人不在の、援助者中心の支援になってしまっている可能性が高い。領域A（臨床像）の主観的領域をもう一度見直し、領域D（主観的ニーズ）の主観的ニーズの充足も意識し直す必要がある。

出てきた問題を区分、分類する(収束)

　発散で出てきた問題を、個人の要因（ＡＤＬ低下、病気、認知症等）と環境的要因（家族や地域の問題、社会資源の不足等）に分類する。その際、類似する問題は対応策が同じになることが多いので、束ねて整理して書いておくとよい。また、経済的要因は本来個人的要因に分類されるが、特に高齢者の場合は年金等の収入状況により使用できるサービスが左右されるので、経済要因は別に分類しておくとよい。本人の問題と環境の問題を区別することは、援助上非常に重要である。両者が混同されると、環境の問題が本人に転嫁されて「問題の多い人」と見なされる恐れがある。両者を区別して切り離すことで、本人が向き合うべき問題が明確になる。

　まず自由に提示する発散をおこない、次に整理して分ける収束を活用することで、参加者が意見を出しやすくなる、問題への視点が共有され意見がかみ合いやすくなる、問題の取りこぼしが減りヌケモレが防げる、という利点がある。発散と収束による問題把握と整理を示したのが図6-3である。

（1）意見が出しやすくなる、（2）かみ合いやすくなる、（3）ヌケモレが防げる

列挙する（発散）	分ける（区分）

●Mさん家族の事例において問題点は？

・世帯収入が少ない③
・退院後の受診が困難①
・長男が引きこもり②
・長男の支援者がいない②
・長女が未受診②
・母親が支援拒否をしている②
・次男の経済的負担が大きい③
・世帯全体の資産が不明③
・亡父の遺産相続が未処理③
・Mさんのインフォーマルな支援者が不在①
・Mさんの母親の病気が不明②
・家の中の状況が把握できていない②
・支援者間での退院後の方向性の共有ができていない②
・本人が望む支援者がいない①
・支援チームの主幹部署が不明確②
・世帯全体の生活史の把握ができていない②
・Mさんの意思決定能力の見立てができていない①

●個人の要因・環境の要因・経済の要因に分類

＊個人の要因による問題点①
・Mさんのインフォーマルな支援者が不在
・退院後の受診が困難
・本人が望む支援者がいない
・Mさんの意思決定能力の見立てができていない

＊環境の要因による問題点②
・世帯全体の生活史の把握ができていない
・長男が引きこもり
・長男の支援者がいない
・長女が未受診
・母親が支援拒否をしている
・Mさんの母親の病気が不明
・家の中の状況が把握できていない
・支援者間での退院後の方向性の共有ができていない
・支援チームの主幹部署が不明確

＊経済の要因による問題点③
・世帯収入が少ない
・世帯全体の資産が不明
・次男の経済的負担が大きい
・亡父の遺産相続が未処理

図6-3　発散と収束による問題点の把握と整理

マトリックスによる優先順位の整理

　複合的な問題を抱えている場合には、それぞれの優先順位を定めていく必要がある。マトリックス上にMさん自身と環境の問題を一元的に示したのが次頁の図6-4である。優先順位はその問題が命や人生や人権にどれくらいの影響を及ぼしているか（今後及ぼす可能性があるか）で判断されるが、判断する人の専門性や個人としての価値基準が反映されやすいため、専門外の事象を見落とす危険がある。多職種で多面的な見方をすることで、優先度の高い事象を見落とすリスクを避けることができる。優先度の認識のずれは援助上の大きな足かせになる場合が多いので、なぜ優先度が高い（低い）と判断するのかの言語化と共有が非常に重要である。他の専門職

の問題意識に触れ、その影響が理解できると優先順位の設定はスムーズになり、リスク管理もおこないやすくなる。

　5．ストレングス（本人や環境の強み）の把握

　問題の解決に向けて課題を設定する際には、本人や環境のストレングスに着目する。問題はネガティブな要因であるが、視点を変えるとポジティブな側面が見えてきてストレングスに転じることができる場合もあり、どのような事例でも必ずストレングスがある。例えば、頑固で人の言うことを聞かないという問題点が、納得すればやり遂げようとする、などのストレングスに転換できることもある。この場合でいえば、本人が納得できる説明をおこなうことが非常に重要な意味を持つことになり、これこそが援助者が向き合うべき課題となる。頑固だから仕方がない、ではなくストレングスを加味して、本人が納得できる説明をするのが援助者である自分の

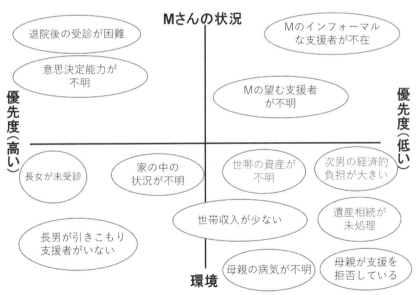

図6-4　Mさん家族の問題点の整理と優先順位（マトリックス）

課題、として捉えるべきである。支援をおこなう際にはとかく本人にとっての問題だけに目が行きがちであるが、ストレングスを把握しそれを活用して明確な課題設定をすることにより、援助者が解決すべき課題と本人が向き合い解決すべき課題が区別され、問題の解決がしやすくなる。このため、事例検討においては問題だけでなくストレングスについても参加者から提示を受ける時間を作り、提示されたストレングスはホワイトボードに記述し視覚化して共有していく。同じ状況を把握していても意味づけが異なるとそれをストレングスとして認識できない場合もあるので、記述し共有することで明確化を図る。

　この事例におけるストレングスとしてメンバーから提示されたのが表6-3である。当たり前に思えることでも、言語化することで参加メンバーの認識をそろえることにつながる。本人や家族が参加しているケースでは、ストレングスをはっきり告げることが、「あなたにはこんなに素晴らしいところがある」と告げるエンパワーメントになることもある。

表6-3　把握されたストレングスとなくなっているストレングスを探す視点

●Mさんのストレングス
Mさんは自分でSOSが出せる
MさんのADLはそこそこ自立している
●環境のストレングス
Mさんの次男がかかわってくれている
Mさんの長男は預金がある（保険金？）
Mさんの義弟が支援してくれている
Mさんの長女は買い物ができる
Mさんの長男と次男はメールで連絡できる
Mさんの母も自分の生活は何とかできている
公共料金等の滞納はない
住宅は持ち家である
地域包括支援センターがかかわっている

なくなっている本人のストレングスを探す視点も併せて表6-3に示した。本人が主体的に行動できること、本人の環境に存在しているもの、そういった事柄を思い描いてみるとストレングスに気がつくことができる。具体的には大切にしているもの、興味を持っているもの、できていること、やってきたこと、関わってくれた人などから探ることになる。

6. 課題の検討：問題解決の手段としての課題

　課題とは「問題を解決するために何をすべきかを設定したもの」で、問題を解決するための取り組みである。「課題」は「問題」を解決するための手段となる。事例検討会ではまず、改善を必要とする状況、つまり「問題」を明確にし、その「問題」を解決するための手段として「課題」を設定するのである。言い換えれば、「問題」が的確に把握できていないと「課題」は設定できないことになる。また、課題は具体的行動として表現

【Mさんの長男の場合】

問題点	Mさんの長男が引きこもっている
	↓
ストレングス	Mさんの長男と次男はメールで連絡できる
	↓
課題	Mさんの長男への支援体制を構築する

【Mさんの場合】

問題点	Mさんのインフォーマルな支援者が不在
	↓
ストレングス	Mさんは自分でSOSが出せる
	↓
課題	Mさんのインフォーマルな支援者を作る

図6-5　ストレングスを活用した課題設定

するように注意する。認知症の診断や治療がされていないことが問題であれば、それを解決する行動として判断能力の診断をおこなうために受診する、という課題が設定されることになる。

ストレングスを活用し課題を設定する

　一つひとつの問題点を解決するために、どのような取り組みをおこなうかという課題設定を支援チームでおこなう。課題を立てる際はストレングスに留意しストレングスを活用した課題設定に努める。ストレングスを課題解決と関連つけることで、本人主体の取り組みが促進される。この事例においておこなわれた課題設定の一部を図6-5に示す。

　このように、ストレングスを把握することで課題への対応が容易になり、本人を主体とした取り組みにつながるので、課題設定までの流れは、問題点の把握→ストレングスの把握→課題設定という形でおこなうと効果的である。このようにして、提起された問題について一つひとつ課題設定をおこなっていく。

問題から課題を抽出する

　この事例では表6-2に示したものが問題として把握された。問題を課題に転換するには、「問題を解決するために何をすべきか」を具体的に表現する必要がある。この時点では解決のための具体的方法はまだ検討せず、単純に解決のために何をすべきかを言語化する。なすべきことを明確化することが最優先なので、ここで具体的方法も併せて議論してしまうと、利用者の拒否や社会資源の不足、対応する機関の選定、という現実論に走り、支援の困難性が強調されあきらめ感が出てしまう。この時点ではあくまで課題を明確化することに特化するほうがよい。課題を明確化することで、

問題点から課題への転換

＊Mさん家族の問題点

＊個人の要因による問題点
・Mさんのインフォーマルな支援者が不在
・退院後の受診が困難
・本人が望む支援者がいない
・Mさんの意思決定能力の見立てができていない

＊環境の要因による問題点
・世帯全体の生活史の把握ができていない
・長男が引きこもり
・長男の支援者がいない
・長女が未受診
・母親が支援拒否をしている
・Mさんの母親の病気が不明
・家の中の状況が把握できていない
・支援者間での退院後の方向性の共有ができていない
・支援チームの主幹部署が不明確

＊経済の要因による問題点
・世帯収入が少ない
・世帯全体の資産が不明
・次男の経済的負担が大きい
・亡父の遺産相続が未処理

その問題が起きている背景に類似性のあるものを束ねる

世帯全体の生活史の把握ができていない
母親が支援拒否をしている
Mさんの母親の病気が不明
＊問題の背景は生活史の聞き取りができていない
Mさんの意思決定能力の見立てができていない
世帯収入が少ない
次男の経済的負担が大きい
世帯全体の資産が不明
亡父の遺産相続が未処理
＊問題の背景は資産・収支の把握ができていない
長男が引きこもり
長男の支援者がいない
＊問題の背景は長男の支援者がいない
長女が未受診
Mさんのインフォーマルな支援者が不在
本人が望む支援者がいない
＊問題の背景はMさんの支援者がいない
家の中の状況が把握できていない
退院後の受診が困難
支援者間での退院後の方向性の共有ができていない
支援チームの主幹部署が不明確
＊問題の背景は支援チームが成立していない

図6-6　問題から課題への転換

支援の取り組みの方向性が明確化されることになる。

　課題の設定では、なすべきことを端的に表現する。その際、「～をおこなう」「～を実施する」等の動詞で表現するようにする。具体的な動詞で表現することで実行性が高まる。また、同じような内容の問題点を束ねて、そこから導き出される課題を集約する。この部分が事例検討会の重要なポイントになるので、事例検討会参加者からの意見も参考にしながら課題設定をおこなう。問題から課題への転換を示したのが図6-6である。

7．具体的方法の検討・対応する機関や人の機関の検討

　課題が明確になったら課題解決の具体的方法を検討する。具体的方法に関しては事例検討会参加者から意見を聞き、問題解決に必要なアイデアを出し合う。課題を解決するには、課題の内容に応じて公的機関や家族、地

表6-4　Mさん家族の課題の整理
●ストレングスを活用した課題の抽出

類似の問題点を束ねる	問題解決に活用できるストレングス	導き出された課題
世帯全体の生活史の把握ができていない 母親が支援拒否をしている Mさんの母親の病気が不明	次男がかかわってくれている 義弟が支援してくれている	Mさんの思いを聞き取るために生活史を聞き取る 世帯全体の生活史を聞き取る
Mさんの意思決定能力の見立てができていない	次男がかかわってくれている 義弟が支援してくれている	Mさんの判断能力の診断をおこなう
世帯収入が少ない 次男の経済的負担が大きい 世帯全体の資産が不明	長男は預金がある（保険金？） 次男がかかわってくれている 義弟が支援してくれている	世帯収入を明らかにする
亡父の遺産相続が未処理	住宅は持ち家である	Mさんの亡父と夫の相続をおこなう
長男が引きこもり 長男の支援者がいない	Mさんの長男と次男はメールで連絡できる 長男は預金がある（保険金？） 義弟が支援してくれている	Mさんの長男への支援体制を構築する
長女が未受診	地域包括支援センターがかかわっている	Mさんの長女への支援体制を構築する（受診等）
Mさんのインフォーマルな支援者が不在 本人が望む支援者がいない	Mさんは自分でSOSが出せる	Mさんと信頼関係を作る Mさんのインフォーマルな支援者を作る
家の中の状況が把握できていない	地域包括支援センターがかかわっている 次男がかかわってくれている	本人が望む支援者がいない Mさんの長女への支援体制を構築する（受診等）
退院後の受診が困難 支援者間での退院後の方向性の共有ができていない 支援チームの主幹部署が不明確	次男がかかわってくれている 義弟が支援してくれている	退院前カンファレンスを実施する 支援の方向性を共有する 支援の主幹部署を決める

域、インフォーマルな資源等さまざまな社会資源を活用する必要がある。また、単一機関だけでは思いつかない制度や支援方法が存在しているため、事例検討会参加者全員がアイデアを出し、問題解決の方法を模索する。A

表6-5　Mさん家族への具体的な支援方法と担当者

導き出された課題	具体的な支援方法及び担当者
Mさんの思いを聞き取るために生活史を聞き取る 世帯全体の生活史を聞き取る	次男と義弟から生活史の聞き取りをおこなう（Mさん、長男、次男）。 担当　地域包括支援センター
Mさんの判断能力の診断をおこなう	Mさんの判断能力を確認するために精神科へ受診し確定診断をおこなう。 次男、またはMさんの義弟に協力してもらう。 担当　市総合支援センターが調整をおこなう。
世帯収入を明らかにする	世帯の収支を明らかにするために必要な関係機関や部署を集めて検討する。 遺族年金の有無　介護保険料 担当　行政（基幹地域包括支援センター）
Mさんの亡父と夫の相続をおこなう	亡父の相続状況に関しては次男に確認をおこなう。 母親との信頼関係の構築が課題 担当　地域包括支援センター
Mさんの長男への支援体制を構築する	青少年就労支援センターにつなげる。 若者サポート支援センターにつなぐ。 担当　市総合相談支援センター
Mさんの長女への支援体制を構築する（受診等）	長女の全体的な見立てが必要となるため精神保健福祉相談員につなげる。 その見立ての内容で受診につなげるか、他の支援機関につなぐ。受診が困難な場合には、精神科医の往診等で見立てをしてもらう。 担当　市総合支援センターが調整をおこなう。
Mさんと信頼関係を作る Mさんのインフォーマルな支援者を作る 本人が望む支援者がいない	現状での早急な課題というよりも、長期目標としてMさんの身体、心理精神的な見立てをしたうえで、インフォーマルな支援体制を構築する方向で考える。 担当　地域包括支援センター
家の中の状況を把握する	病院が家屋調査で訪問するので退院前カンファレンスで確認する。 担当　地域包括支援センター
退院前カンファレンスを実施する 支援の方向性を共有する 支援の主幹部署を決める	基幹包括が病院に退院前カンファレンスの実施を提案し、事例検討会に出席が必要な機関を招集する。事例検討会の場で家屋調査と退院後の支援の方向性の確認をおこなう。その際、今後の支援チームの基幹部署を決める。

表6-6　Mさん家族への支援計画

順位	現状での問題	ストレングス	課題	具体的方法	担当者
短期	Mさん家族の生活史が不明	次男や義弟が支援している	本人の思いを知るために生活史の聞き取りをおこなう	次男と義弟から生活史の聞き取りをおこなう。	地域包括支援センター保健師
短期	Mさんの意思決定能力の見立てができていない	次男や義弟が支援している	Mさんの判断能力を確認する	精神保健福祉相談員につなげる。受診が困難な場合には、精神科医の往診等で見立てをしてもらう。	市総合支援センターが調整をおこなう
中期	世帯全体の資産が不明	長男・次男には預貯金がある	世帯の収入を明らかにする	関係機関や部署を集めて検討する。遺族年金の有無　介護保険料	行政（基幹地域包括支援センター）
長期	長男が引きこもり	長男と次男はメールで連絡できる	長男への支援体制を構築する	青少年就労支援センターや若者サポート支援センターにつなぐ。	市総合相談支援センター
短期	長女が未受診	地域包括支援センターがかかわっている	長女への支援体制を構築する（受診等）	精神保健福祉相談員につなげる。受診が困難な場合には、精神科医の往診等で見立てをしてもらう。	市総合支援センターが調整をおこなう
長期	Mさんのインフォーマルな支援者が不在	Mさんは自分でSOSが出せる	Mさんのインフォーマルな支援者をつくる	長期目標としてインフォーマルな支援体制を構築する方向で考える。	地域包括支援センター
早期	退院後の受診が困難	次男や義弟が支援している	退院前カンファレンスを実施する	病院に退院前カンファレンスの実施を提案する。	行政（基幹地域包括支援センター）
短期	家の中の状況が把握できていない	次男が支援している	家の中の状況を把握する	病院が退院前カンファの一環で家屋調査訪問を実施。	地域包括支援センターが提案

さん家族のストレングスを活用した課題の抽出を表6-4で、具体的な支援方法と担当者を表6-5、支援計画の全体像を表6-6でそれぞれ示す。

　全方位型事例検討会には多職種が参加しているので、それぞれの専門

的視点から解決策を検討することができる。ここでも「餅は餅屋」であり、他領域の人間がおこなおうとすると非常に困難なことでも、その領域の専門職にとっては日常業務であり、解決方法が確立している場合も少なくない。それぞれの強みを活かせることが多職種参加の意義といえる。例えば、一人暮らしで体重減少が止まらず、このままでは低栄養になる心配のある高齢の女性がいた。ケアマネは食事の内容を改善しようと配食サービスを導入したが、一向に改善されない。そこで、多職種による事例検討会（地域ケア会議）の開催を依頼した。依頼を受けた地域包括支援センターは、栄養士や保健師、歯科衛生士等を招集し事例検討を実施した。その結果、歯科衛生士から義歯がぐらついていて咀嚼に問題があることが指摘され、義歯の調整をすることになった。さらに管理栄養士が栄養指導をおこない、指導後の経過を保健師が観察することになった。その結果体重減少は収まり、栄養状態が改善された。課題解決には専門職による見立てと具体的方法の提示が重要であり、課題を立てても実行されなければ問題解決には至らない。

　この例でいえば、十分な栄養が摂取できていないという問題認識は同じでも、課題の捉え方の違いによって、問題解決へのアプローチが異なっている。食事摂取に関する問題への知見が豊富な専門職は、何が食べられない状況を生み出しているのか、さまざまな予測に基づく見立てをおこない、問題解決のために義歯調整という具体的な方法を見いだしたことが解決につながっている。

　このように解決への知見を提供できる参加者を選定することが大きく問題解決に影響してくるため、問題解決に欠かせない人物を見極め、検討に参加してもらうよう根回しすることも必要になる。参加を打診する際には、なぜ他ならぬあなたに参加してほしいのかをきちんと説明し、お義理での参加にならないよう努めねばならない。あて職で出席者を決めるような当事者意識の低い組織もあるため、特に注意が必要である。

課題が明確化されていないと、関わるべき機関や支援の実施担当者も不明確になる。また、支援を依頼しても逃げたり押しつけたりが起こる。課題が明確になればおのずと関わるべき機関や人も、なすべきことも明確になってくる。丁寧にアセスメントし課題を明確化していく過程で、参加者はじょじょに誰が関わるべきかを把握していく。ここで合意形成を図りながら決定事項をホワイトボードに記し、支援における行動計画の合意をとろう。終了時にホワイトボードを撮影しておき、検討記録として参加者に配布すれば議事録作成の手間がなく、検討に参加していない人でも経過を含めた検討結果を共有することが可能になる。

合意形成をおこなう意味

　課題についての合意形成をおこなうのは、この後具体的援助方法を検討する際に役割を分担するからである。事例検討会終了後、参加者は責任をもってこの課題解決に協力することになるため、この課題に取り組まねばならない、という合意形成を得ておくことが必要になるのである。合意形成ができていないと後で役割を振ったときに、「そんなつもりではなかった」という無責任な発言が出る恐れがある。課題解決を目的とした事例検討において、合意形成をした以上は協力するという約束手形を得ることは非常に重要だ。事例進行者は意図的に合意形成を図るべきである。合意を元に具体的方法の議論の際に役割を振り分けるのも進行者の腕の見せどころということになるが、一緒に事例検討会に参加し、課題に取り組む必要性を理解し、そのうえで適任者として役割を振られた機関や人は、自ずと協力的になる。他人事ではなく自分事として受け取ってもらうためにも合意形成は重要であるが、専門職ではない近隣の住民に参加してもらっている場合などは、特に丁寧に合意形成をおこない、地域に理解者を増やしていこう。

表 6-7　この事例における地域課題

現状での問題	個別の課題	地域の問題	地域の課題	何を・どのように	担当者
長男の引きこもりが相談につながっていなかった	長男の支援体制を構築する	引きこもりの相談窓口が周知されていない	引きこもり相談窓口の周知をおこなう	引きこもりの実態把握と相談窓口の周知をおこなう	青少年就労支援センター若者サポート支援センター
Mさんは地域に支援者がいない	Mさんの見守り体制を構築する	見守りや訪問、傾聴ボランティアがいない	ボランティアの組織化をする	ボランティアの育成をを社協に依頼する	社会福祉協議会ボランティア担当
長男が長年引きこもりになっている	日中活動を支援する	地域に、引きこもりの人の集いの場がない	引きこもりの人の集いの場を作る	引きこもりの実態把握をおこない、集いの場の構築をおこなう	青少年就労支援センター若者サポート支援センター

　終結事例を扱う場合や事例を用いた学習会など、解決を直接の目的としない事例検討の場合にはここまで丁寧におこなう必要はないが、多くの援助者が問題から課題の抽出、つまり問題とストレングスを絡めて課題を描いていくプロセスを苦手としているので、問題から課題の抽出を丁寧におこなうことは実践力の向上につながる。

個別事例を通して見えてくる地域課題

　事例検討において、地域課題が抽出できないという悩みを持つ事例検討主催者が多いが、地域課題をいきなり見つけ出す特別な方法があるわけではない。地域課題を見つけ出すには、問題・課題を明確化し、本人の問題以外の要素を区別する必要がある。問題が不明確な状態では地域課題を抽出することはできない。個別事例検討を丁寧におこない、全方位型アセス

メントの精度を上げることで問題・課題が明確になり、地域課題が見つけやすくなる。

　この事例における地域課題を表6-7に示す。介護保険の領域においては、介護保険のサービスを用いた課題解決という意識が作用しやすい。そのため介護保険にない支援内容については手をこまねいてしまう傾向が強く、解決が先送りになる場合が多い。このため介護保険でカバーできない課題がそのまま地域課題となっている。本人の問題・課題と、地域の問題・課題を混同せず、後者については地域づくりを含めた対応を構築していくことが求められる。

事例検討会の終了とモニタリング時期の設定

　事例検討会の実施により多職種が連携する行動計画ができあがった。しかし、一回の事例検討会で全ての課題が解決することは稀である。そこで、事例検討会の主幹者はPDCAサイクルで課題解決までの相談支援プロセスを管理する必要が生じる。相談支援のプロセスは以下のようになる。

P（plan）　支援計画策定　planning
D（do）　介入　intervention
C（check）　見直し　monitoring
A（action）　評価　evaluation

　第1回目の事例検討会で作成した行動計画において、合意形成された具体的方法に関して、どのくらいの期間で実行できるかを参加者で議論し、第2回目の事例検討会（モニタリング会議）の時期を決定する。

　開催時期は事例ごとの課題の難易度によって異なってくるので、その都度時期の検討が必要になる。概ねの開催時期を決めておくか、できればそ

の場で日程調整をおこない具体的な日時まで決定しておく。1回目の会議が具体的で有意義であれば、次回会議への出席も意欲的になり、日程調整もスムーズになることが多い。

　モニタリングを繰り返し、当初立てた課題が解決されれば終結となるが、課題が解決されない場合は再度アセスメントを実施し、新しい課題を設定し、担当者を決め、実行する。この繰り返しにより課題が全て解決された時点で終結とし、多職種での事例検討会は終了し、その後は要介護高齢者であればケアマネ、障がい者であれば障がいの支援機関が継続的な主幹援助者となる。

まとめ

　再度、問題点の把握から具体的対応の決定までの流れを整理して示す。

1：問題点の把握

　専門職として捉えた客観的問題だけでなく、本人の主観的視点から捉えた問題も意識して抽出していく。

2：ストレングスの抽出

　問題だけを列挙すると本人や環境のネガティブな側面だけに焦点をあてることになってしまう。ストレングスを見つけ出す意識を持ち参加者に提示してもらうことで、ポジティブな側面にも目を向けていく。提示されたストレングスは問題解決のための課題を立てる際に活用する。

3：抽出した問題を本人の問題と環境の問題に仕分けする

　本人を主とした事例検討会のはずが、本人に関する問題より環境の問題のほうがより多くの支援を必要としている事例も多く存在している。実

際に事例検討会をしていると、そういうことは言葉で議論をしていても明確にならないため、ホワイトボードに情報を視覚化し問題点を抽出し仕分ける（事例の見える化をおこなう）ことで事例検討会参加者間の共有を図る。

4：ストレングスと絡めて問題から課題を設定する

課題を立てる際はストレングスに留意し、ストレングスを活用した課題設定に努める。ストレングスを課題解決と関連づけることで、本人主体の取り組みが促進される。類似性のある問題をいくつか束ねて、そのいくつかの問題点をひとくくりにして解決できるような大きな課題を立てる。あえて大きくくくって、シンプルに考え、解決への道筋を見いだしていく視点があると、生活支援が行き詰まりループしてしまったときに非常に有効な打開策になり得る。直接支援の視点がミクロになりやすいのに対して、少し引いたメゾの視点で本人と環境を俯瞰的に捉えることで膠着した状況を打開できることがある。

課題というのは取り組むべき目標になるので、課題を立てるときには具体的方法まで議論しないようにする。具体的方法まで議論し始めると、対応が難しそうな事例の場合、課題の先送りになりかねない。この時点では単純に課題として立てることがポイントになる。

5：具体的方法を検討し、対応期間を決定し、合意を形成する

複数の課題がある場合は全て同時には取り組めないので、優先順位を決めて対応する必要がある。また、課題に対する取り組みを参加者で合意していくことも「事例検討にお客様として参加する」人を作らないために非常に重要である。参加者が自分事として捉えて参加することで、実りある事例検討がおこなえるようになる。

おわりに　全方位型アセスメントの持つ意義

技法ではなく哲学や倫理の違い

本書で示してきた全方位型アセスメントとは、一見すると技法上の違いに思える。だが、そこにはソーシャルワークにおける哲学や倫理にまつわる価値前提の違いがあることを、読者の皆さんはお気づきだろうか？　それを、「全方位型アセスメントにおける問題抽出から支援計画作成までの流れ」の図をたどりながら、検討してみたい。

ストレングスに着目する意味

支援現場で働く皆さんのなかには、自分たちのことを支援対象者の問題点を発見する専門家だと思い込んでいる人はいないだろうか？　これは、半分は正しいが、半分は間違っていると私たちは考える。その理由は、問題を何に結びつけるかという点にある。

支援対象者は問題を抱えているから、支援者であるあなたの援助を必要としている。それは間違いない事実である。だが、その人が抱える問題は、その人が生きてきた人生や、その人の全体像のなかでは、ごく一部分の「問題」である。例えばゴミ屋敷やBPSD、強度行動障害など、「強烈な見た目上の問題」を抱えている（ように外部者からは見える）人であっても、その人の持つ人間性のよさや魅力、これまで生きてきたなかで培ってきたスキルや人間関係など、ポジティブな要素もたくさん持っている。だが、支援者は、本人が絶望的と感じている場面や、問題がこじれている状態で出会いがちであるからこそ、「何が問題なのか」を必死で探り、そこにパ

ッチワーク的に対処していくことに終始しがちだ。それでは本人の主観的なニーズや価値観を理解したことにはならないし、そのなかで専門家がよかれと思って提供するサービスや支援は、本人の頑なな拒否にあう場合もある。だからこそ、全方位型アセスメントが求められているのである。

そうはいっても「困難事例」の場合、問題点ばかりが目につき、ストレングスにまでは目が向きにくいかもしれない。その場合には、自分自身のバイアスに自覚的になったほうがよい。「ろくでもない（だらしない、生活能力のない、○○できない……）人だ」という先入観に支配されて、それがその人の全てだと決めつけて対応してはいないだろうか？　そういう否定的な眼差しは、「困難事例」と呼ばれる対象者ほど、敏感にキャッチし、あなたに否定的な言動で投げ返す。あなたとの「相互作用」のなかで、そのような「困難」がどんどん増幅されていく……。

そういうときに大切なのは、「急がば回れ」。まずは本人が、問題点を抱えている「にもかかわらず」持っている魅力やストレングスを、本人に関わる多様な人と探し合うことが必要不可欠である。そのことによって、「困った人」に見える相手のなかに、「よい変化の可能性」や「希望」を見いだすことも可能になるのだ。だが、それを実現するためには、次節以後のプロセスが肝心になる。

仕分け方を捉え直す

全方位型アセスメントをファシリテートするときに、「問題点の仕分け」が一番難しいという声も聞く。これは技法論的難しさだとは思えない。むしろ先ほどのストレングスのところでも述べたが、「誰にとっての何の困難なのか」に関する、認識論的な、つまりはソーシャルワークの倫理や哲学の違いのようにも思える。

「問題点」にのみこだわっている支援者にとって全ての問題は、対象者

個人が引き起こしたように思えてしまう。でも、本当に全ての問題が対象者個人とのみひもづいているのだろうか？　特に、支援者は「困難事例」とラベルが貼られる事例ほど、自分自身の物の見方を疑うべきである。

　そもそも「困難事例」とは、本人ではなく周囲にとっての「困難」が極まった事例の場合もある。「ゴミ屋敷」であっても、そこで暮らす人は援助者の支援を求めるような「困難さ」を抱えていない場合もある。しかしながら、近隣住民からの苦情が絶えず、近所付き合いが途絶え、支援者も困り果てている場合もある。その場合、真に「問題」や「心配ごと」を抱えているのは本人ではなく、近所の人や支援者、そしてあなた自身であろう。

　また本人ではなく、家族の抱えている問題が深刻な場合にも「困難事例」とラベルが貼られやすい。そのときに、ケアマネだから65歳以下の人の生活課題を掘り下げない、相談支援だから認知症のことはわからないといったセクショナリズムが、問題の解明を難しくする。「わからない」「知らない」から放置するのか、「わからない」「知らない」から知っている人・その領域の支援が得意な人に協力を仰ぐのかによって、全く方向性が違ってくる。多様な知識や背景を持つ専門職で知恵を出し合いながら、「その問題は、誰にとっての何の問題なのか」を仕分けていくことで、一人の支援者が抱え込むことなく、問題や課題をチームに開くことができる。

　これは、専門性や立場に絡みついた、枠組みやフレーム（物の見方や先入観）を一旦横に置いて、本人や他の専門職のフレームから、問題を眺め直すことでもある。そうやって、自らのフレームの捉え直しをすることで「何がどのように問題なのか」という仕分け方をも、捉え直すことできる。これがさまざまな困難が混ざり合う問題を解決するうえで、決定的に大切である。

　さらにいえば、自分は「何をわかっていなかったか・見えていなかったか」を明確に自覚化することが、「問題点の仕分け」の最大の目的でもあ

る。己の「無知の知」をさらけ出すことである。これは「専門職」と名乗っている人にとっては、恥ずかしいこと・認めたくないことかもしれない。だが「無知の知」を認めることは、無責任とは違う。むしろ、自分が得意な領域はどこで、苦手なところ、見えていないところはこの部分だと理解することだ。自分自身のストレングスと弱点を理解するからこそ、他者との協働が可能であり、対象者のそれも見えてくる。ソーシャルワークのいう「自己覚知」とは、己のバイアス（枠組みやフレーム）に気づけ、ということでもある。そしてそのバイアスを超えるために協働せよ、ということでもある。

KJ法的に束ねる

　先の「問題点の仕分け」だけでなく、「類似の問題点を束ねる」ことに困難性を感じる支援者も少なからずいるようだ。これも、事例へのアプローチの仕方に関わっている課題ともいえる。あなたは、これまで問題点を分析し、1：1対応のように、目の前の問題を一つひとつ片づけていくことのみを重視してはいなかっただろうか？

　その結果仕事の量が増加し、てんてこ舞いになってはいないだろうか？

　ここも「急がば回れ」。問題を仕分けるだけでなく、仕分けた問題の全体像を眺めながら、それらの問題がどのようにつながっているのかとつながりを見つけ、それらに独自の名前を与えた後のほうが、問題は課題として整理され、解決に結びつけやすい。この整理術は、半世紀以上前にKJ法という形で紹介された。福祉領域でもグループワークなどの手法として学んだ人も少なくないだろう（ネット検索すれば、たくさんの解説も出てくる）。

　このKJ法的な「類似の問題の束ね方」が大切であるのにはわけがある。それは、支援者の思い込みやフレーム、バイアスから自由になり、出てきたデータに基づいて、新たな「課題」を発見するための、重要な助走とな

るからだ。これまで支援が上手くいかなかったのは、「誰にとっての何の問題か」を適切に仕分けることができず、支援者の仕分け方（＝価値前提）が、問題を複雑化した部分があったからかもしれない。

だが、全方位型アセスメントを活用した事例検討では、その事例に関わる多くの支援者が知恵を出し合い、問題点だけでなくストレングスもたくさん出し、問題点を仕分けていく。そのプロセスのなかで出てきたたくさんの情報を元に、その情報からどのように「類似の問題点を束ねる」のがよいかをみんなで検討する。すると一支援者の思い込みやフレームではなく、本人（や家族）の全体像に基づいた「問題群」が生まれてくる。次第に、「長男の支援者がいない」「世帯全体の資産が不明」といった、当初は「問題」に感じていなかったものが、新たな解決すべき「問題群」として目の前に現れてくる。ここから支援困難事例の閉塞感を破り、問題解決に向けたブレークスルーの芽が生まれてくる。

チームの力を活かす

類似の問題を束ねることで解決に向けて一足飛びに展開したくなるのが、人の常というものだ。でも、そこでご用心。私たちはつい、相手の問題や欠損にのみ、目を向けるモデルに戻ってしまう。全方位型アセスメントでは、課題整理の前に「問題解決に活用できるストレングス」という項目を挟んでいる。これは、支援者の枠組みや思い込みから自由になるうえで、必要不可欠な視点だ。あなたの不安や心配ごとを解決するために、対象者やその家族が持っている資源を使うことができれば、百人力である。

そのうえで、課題を導き、具体的な方法を決めていくわけだが、ここで支援者にありがちな「抱え込みの癖」から自由になることも大切だ。「今の社会資源やサービスにないからそのような援助はできない」と決めつけるのは、先ほど検討したさまざまな思い込みと同じように、支援者による

勝手な枠づけではないだろうか。全方位型アセスメントを活用した事例検討のよさは、その事例に関わる多くの支援者が集まって、考え合うことである。そのなかで、あなたが思いつかなかったような意外な解決手段が、参加した他の専門職から出てくるかもしれない。そういうアイデアをその場で聞けるのは、事例の解決に役立つだけでなく、援助者としてのあなたのスキルを育むうえでも、非常に意義深い機会となる。「無知の知」という「自己覚知」ができたうえで次に求められるのは、同じ問題を異なる方向から捉える他者の視点から学び、自分自身の視点も相手に伝えるという、学び合いのダイナミズムである。

　またそのうえで導き出された課題に対して、あなたは「使えるサービスがないから課題解決は無理です」と、「できない100の理由」に囚われ、それ以上の検討をせずに諦めたことはないだろうか。そうではなく解決方法がわからないという「己の無知」を認めたうえで、全方位型アセスメントを共におこなうチームの他者の協力を仰ぎながら、どうすれば実現可能な策が見いだせるのか、使えるサービスが現状ではないならどう他のもので代替できるか、あるいは新規に作り出せるかという「できる一つの方法論」を模索すべきではないのだろうか。

　全方位型アセスメントを活用すれば、既存の社会資源では解決できない課題についても、事例検討会で議論したり、その後さまざまな地域課題を協議する場（各種の協議体や行政計画の検討会の場など）で吸い上げたりといった道筋も見えてくる。あなた一人では無理だから「仕方ない」と諦めるのは、ある種の「抱え込み」であり、「無理」「仕方ない」と決めつけるのは、ある種の「無責任」でもある。一方、ホワイトボードをみんなで見つめ合いながらアイデアを出し合うというのは、抱え込みを開く別のやり方である。あなた一人では「無理」と感じたことを、違う視点を持ったこのケースに関わるチームの他者の視点から捉え直す。「この課題を解決するためにどうしたらよいか、私一人ではわかりません」とはなかなか告白し

にくいけれど、ホワイトボードで整理されていく課題を共に眺めるなかで、一緒に考えるなかで、そして他者の視点に耳を傾けるなかで、己の無知にも気づき、他の参加者に問題を開き、考え合うことができるのである。

　そのプロセスを通じて、チーム全体で「できる一つの方法論」を模索することが、「地域援助技術」なるものの原点にあるはずである。

非合理の内的合理性を探る

　一見して合理的な問題であれば、合理的な解決は簡単に導ける。だが、現場で困っている事例とは、一見して「非合理」に見える事例が多い。自分なら、そんなことはしない。どうして朝から酒を飲んでいるのか（家族関係がこんなに複雑なのか、皆が反目し合うのか、ゴミをためるのか、引きこもるのか……）という「どうして？？？」の理由が、あなたには理解できない、許容できないから、あなたの目には「困難事例」と映る。

　一方、全方位型アセスメントをするなかで見えてくるのは、一見すると非合理に映る「問題」でも、本人（たち）にとってはそうするのが当たり前だった・それ以外の方法を知らない・それ以外はできない……などという「内的合理性」である。そして、その「内的合理性」が、仮の安定であり壊れやすいものだからこそ（それに本人たちも薄々気づいているからこそ）、ご近所や支援者の「よかれ」と思う介入を頑なに拒み、その「内的合理性」にしがみつき、意地でもそれを守ろうとして、周りとの衝突を繰り返すのである。

　そのとき、ホワイトボードでしてきたことは何か。それは、問題点だけでなくストレングスを見いだすことであり、個人的要因と環境要因を仕分けることである。そして本人たちをめぐる内的合理性を外部者の勝手な決めつけや批判、査定でなおざりにせず、そのものとして描き出すことである。そうして、一見して非合理だと決めつけられ、切り捨てられてきた非

合理の内的合理性を理解し、類似の問題点を束ね、問題解決に活用できるストレングスを探る。そのなかで、導き出された課題は、本人やその家族にとっても「本物の課題」だ。そうなれば、「この援助者はやっとわかってくれた」という思いで、具体的な方法に向けて、対象者たちも一緒に動いていこうと思えるのである。

　そう考えると、本書で提唱する全方位型アセスメントとは単なるテクニック集ではない。援助者として、あなたは誰のどのような問題に、いかに取り組んでいくのか。そのときに、あなたはどんなスタンスで臨もうとしているのか。

　そういった、援助者としての「構え」や生き方にも関わるような、哲学的・倫理的課題でもあるのだ。そして、あなたの「構え」が変わることで初めて、固着した問題も動き始めるのかもしれない。

援助者の標準装備としての全方方位型アセスメント

　前節において述べているように、「他者の視点に耳を傾けるなかで、己の無知にも気づき、他の参加者に問題を開き、考え合える」「そのプロセスを通じて、チーム全体で、「できる一つの方法論」を模索することが、「地域援助技術」なるものの原点にあるはず」という言葉を受け止めるとき、ソーシャルワークの原点はまさに援助者本位ではなく利用者本位のアセスメントをおこなうことに尽きると思う。今までのアセスメントの多くは属人的な知恵やスキル頼りで、多職種で問題の本質を突き詰めて解決に向かうという手法が確立されていなかった。または、そのような手法があったとしても誰もが共有できるものではなかった。医学モデルから始まり生活モデル、そして現在は地域援助技術へと移行していくなかで、属人的なアセスメントには限界がきている。

　一方で、ソーシャルワーカーの養成課程におけるアセスメント論におい

ては理論が先行してしまい、統一された具体的なアセスメントの技術は示されていない。ソーシャルワークの専門職である社会福祉士養成の現場でもそれは同様であり、実習先で自ら実践できるようなインテーク・アセスメントの場に遭遇できるチャンスは稀であろう。日本社会福祉士会には統一したアセスメントの研修等の実施を期待したい。

　ソーシャルワークとは、インテーク・アセスメントを適切に実施し、支援体制を構築してクライエントの課題を解決し、そのウェルビーイングを達成することに他ならないと考える。そのためには標準化された技法の確率は必須だろう。筆者（土屋）は３年ほど前からいくつかの市町で定期的に全方位型アセスメントによる事例検討会をおこなってきた。当初は進行の難しさを感じていた参加者も何度か体験するうちに、自ら事例検討を進めることができるようになってくる。当初は一人での進行が難しい場合は二人で進行する方法も試行してみた。メインの進行者が行き詰まったときにサブの進行者がサポートするのである。このような経験をある程度積むことで、カリスマでなくても全方位型アセスメントに基づく事例検討の進行が可能になる。このことは多くの地域で実証されている。

　基本的な統一された技術を取得し、自分なりの知識と技術で広げていくことが重要であり、基本的な技術なしにおこなわれる自己流の援助は本人にとっても支援者にとっても不利益しか生まない。併せて、筆者（土屋）は高齢・障がい・生活困窮・母子・複合課題等あらゆるジャンルの事例検討会を実施してきた。この全方位型アセスメントに基づく全方位型支援を指向する事例検討会は分野を問わずに実施できる。手法は同じであり、時々の参加者が変わってくるだけなのである。さらに、もし災害に見舞われた場合でも、避難所においても問題の把握、避難所でのストレングスの把握、課題の明確化、課題解決のための具体的方法、役割分担を決めていけば、問題の解決を導くこともできるのである。

　今後、地域共生社会の実現を目指していくうえで、ソーシャルワーカー

の必要性はますます高まっていくだろう。地域生活支援は本人だけではなく、環境のアセスメントも重要になる。そのとき、武器を持たない丸裸のソーシャルワーカーが一人で立ち向かっても、解決できないことは明白であろう。そこで、少なくとも全方位型アセスメントというスキルを活用し問題解決に向かってほしいと切に思っている。

全方位型アセスメントの行方

　本書を執筆するにあたり、私たち筆者三名でさまざまな議論をおこなった。本書のコンセプトに関しては、相談支援をおこなう人が最低限押さえてほしい実践的技術としての全方位型アセスメントを提供できるものにしようということになった。そのためには、ファシリテーションやグラフィックス等特別な技術を使用しなくても、その要素を取り入れて事例の視覚化や進行方法等を標準化したツールを作ろうというものであった。

　筆者（土屋）はすでに、いくつかの自治体で定期的に全方位型アセスメントを使った事例検討会を実施している。一定の研修期間が過ぎた時点で事例進行を現地のソーシャルワーカーに実施してもらっているが、最初の段階では問題から事例を抽出する際に難しさを感じていても、事例検討の回数を重ねるうちに適切な進行が可能になってきていると感じている。

　近い将来、市町村での総合相談支援体制が実施されるようになると、一握りのカリスマに頼っていてはとても対応できない。全方位型アセスメントを実施できる者が少なくとも各市町村に一人以上必要となるので、最低でも1700人以上が必要となる。私たちはまず市町村に一人、その先はさらに多くの相談援助職に全方位型アセスメントの技術を取得し、実践していただきたいと思っている。

　本書の出版が諸事情で遅れているなか、地域共生社会の実現に向けて社

会福祉法の改正が進み、2021年度から重層的支援体制整備事業がスタートする。この事業は市町村において、地域住民の複合・複雑化した支援ニーズに対応する包括的な支援体制を構築するため①断らない（属性を問わない）相談支援、②参加支援、③地域づくりに向けた支援を一体的に実施する新たな事業である。①の断らない（属性を問わない）相談支援の内容は、介護（地域支援事業）、障害（地域生活支援事業）、子ども（利用者支援事業）、困窮（生活困窮者自立相談支援事業）の相談・支援に関わる事業を一体として実施し、本人・世帯の属性にかかわらず受け止める、断らない相談・支援の実施となっている。

　まさに、複合的多問題等を包括的に受け止め、多機関連携で課題を解決していこうというものである。いよいよ法律に「属性を問わない相談支援」が位置づけられるのである。具体的には、市町村に多機関協働事業で中核機関を設置しようというものである。その中核機関には連携担当者を配置し、支援に必要な機関を招集する。アセスメントで得た情報を元に必要な関係機関と事例検討をおこない、支援の役割分担を決めて課題解決までの進捗を管理する「重層的支援会議」が位置づけられた。現在は任意事業であるが、市町村においてこの取り組みは必要不可欠であろう。

　2015年に、「新たな時代に対応した福祉の提供ビジョン」で地域共生が唱えられて6年、時代は地域共生を目指し、その入り口としての「属性を問わない相談支援」が全国展開されようとしている。これらの相談支援に携わるソーシャルワーカーとして全方位型アセスメント・全方位型支援のスキルを取得し、支援を必要としている人のウェルビーイングの向上に貢献しよう。

　最後に、全方位型アセスメントを構築するにあたり、その基礎となっている野中方式はじめさまざまな事例検討会やグループスーパービジョン、アセスメント研修等で貴重な視野、視点、技術を与えていただいた各分野の先達の皆さんに感謝とお礼を述べる。

あとがき

　出版企画がスタートして2年以上、書いては削りを繰り返し、「やっと書けた」が率直な気持ちです。本書には伊藤が事例検討の場で考え続け伝え続けてきたことが詰まっています。書きたい内容がはっきりあったため、執筆開始当初はすぐに書けると思っていました。しかし、形にしていく過程で不確かな伝えきれない点があらわになり、書き換えた部分もあります。この本を書くことで、今の自分なりのアセスメント観が示せたと思います。（伊藤）

　「全方位型アセスメント」と命名したのはこれから皆さんに実践を通じて発展させていただきたいという思いからです。
　○○方式としてしまうとそこからの発展がないような気がして……。
　この本を作成している間にも大きく成長しています。
　皆さんとともに「全方位型アセスメント」を育てていきましょう。
　参考にさせていただいた研究者や実践者の皆様、担当の皆様には心から感謝とお礼を申し上げます。（土屋）

　2018年夏、土屋さんの事例検討会を見学し、全方位型アセスメントの魅力に惚れ込んだ。「これは本にすべきだ」と思い、仲間の実践的研究者の伊藤さんにも声をかけ、三人で何度もZoomで議論しながら1年ほどかけて内容を固めていった。だが、大人の事情で出版社交渉に難儀した昨秋、お世話になっている現代書館に泣きついて、やっと日の目をみることになった。担当の雨宮さん・向山さんの大車輪のアシストに心から御礼申し上げます。（竹端）

参考文献一覧

　ここで、筆者たちの実践や本書の執筆に大きな力を与えてくれた参考文献を提示し、感謝の意を示したい。

　岩間信之『対人援助のための相談面接技術——逐語で学ぶ21の技法』中央法規出版株式会社、2008年

　大谷京子、田中和彦『失敗ポイントから学ぶ PSWのソーシャルワークアセスメントスキル』中央法規出版、2018年

　奥川幸子『身体知と言語——対人援助技術を鍛える』中央法規出版、2007年

　奥川幸子『未知との遭遇——癒しとしての面接』三輪書店、1997年

　小瀬古伸幸『精神疾患をもつ人を、病院でない所で支援するときにまず読む本 “横綱級” 困難ケースにしないための技と型』医学書院、2019年

　団士郎『対人援助職のための家族理解入門——家族の構造理論を活かす』中央法規出版、2013年

　寺本紀子、中恵美、林田雅輝、馬渡徳子『ケアマネジャーのためのアセスメント力向上BOOK——「アセスメント見える化ツール」で自信がつく！』メディカ出版、2019年

　寺本紀子、馬渡徳子『実践に活かすソーシャルワーク技術——利用者が主役になる支援』中央法規出版、2012年

　野中猛、上原久『ケア会議で学ぶケアマネジメントの本質』中央法規出版株式会社、2013年

　野中猛、野中ケアマネジメント研究会『多職種連携の技術(アート)——地域生活支援のための理論と実践』中央法規出版株式会社、2014年

　長谷正人『悪循環の現象学——「行為の意図せざる結果」をめぐって』ハーベスト社、1991年

　向谷地生良『技法以前——べてるの家のつくりかた』医学書院、2009年

　渡部律子『基礎から学ぶ気づきの事例検討会——スーパーバイザーがいなくても実践力は高められる』中央法規出版、2007年

　渡部律子『高齢者援助における相談面接の理論と実際第２版』医歯薬出版、2011年

■著者紹介

伊藤健次（いとう・けんじ）
　1974年東京生まれ。日本社会事業大学卒業後、介護福祉士・社会福祉士として特別養護老人ホーム勤務後、日本社会事業大学専門職大学院（福祉マネジメント修士（専門職））を経て、山梨県立大学にて福祉専門職の養成教育に従事、2016年から同大学准教授。学生教育の傍ら、日本福祉大学大学院社会福祉学研究科修了（社会福祉学修士）。
　福祉専門職の卒後教育にも携わり、特に力を入れてきたのは年間70ケース以上行う事例を用いたグループスーパービジョンと地域ケア会議における個別事例検討である。
　その他の社会活動：厚生労働省「科学的裏付けに基づく介護に係る検討会」構成員、文部科学省「専修学校における先端技術利活用実証研究：VRやAR などの先端技術を利活用した現場実践能力の高い専門的対人援助職員の効果的な養成プログラム開発に関する実証研究事業」運営企画委員、介護福祉士国家試験実技試験委員、山梨県内自治体の地域包括ケアアドバイザーなど。

土屋幸己（つちや・ゆきみ）
　一般社団法人　コミュニティーネットハピネス　代表理事、認定社会福祉士。
　1981年淑徳大学社会福祉学科卒業後、知的障害児・者支援施設、特別養護老人ホーム、療育等支援事業コーディネーター、富士宮市社会福祉協議会事務局次長等を経て、2006年に静岡県富士宮市福祉総合相談課長（兼）地域包括支援センター長に就任。
　富士宮市では、全国に先駆け福祉総合相談支援体制を構築し、ジャンルを問わないワンストップの相談支援体制と地域包括ケアシステムの構築を行い、全国のモデル地域となった。
　その後2015年、公益財団法人さわやか福祉財団に入団。
　2017年には、一般社団法人コミュニティーネットハピネスを立ち上げ代表理事に就任し、市町の福祉アドバイザーやソーシャルワークの基本であるアセスメント研修をはじめとする各種研修等も実施している。

竹端　寛（たけばた・ひろし）
　1975年京都市生まれ。兵庫県立大学環境人間学部准教授。
　大阪大学人間科学部卒、同大学院修了。博士（人間科学）。
　山梨学院大学教授を経て、現職。脱施設化と権利擁護研究を土台に、ダイアローグを基盤とした地域福祉・多職種連携などの研究や研修にも携わる。
　著書に『「当たり前」をひっくり返す──バザーリア・ニィリエ・フレイレが奏でた革命』『権利擁護が支援を変える──セルフアドボカシーから虐待防止まで』（現代書館）、『枠組み外しの旅──「個性化」が変える福祉社会』（青灯社）等。
　ブログ　http://surume.org/
　Twitter　@takebata

「困難事例」を解きほぐす
――多職種・多機関の連携に向けた全方位型アセスメント

二〇二一年四月二十五日 第一版第一刷発行
二〇二三年五月十五日 第三刷発行

著者 伊藤健次・土屋幸己・竹端寛

発行者 菊地泰博

発行所 株式会社 現代書館
東京都千代田区飯田橋三―二―五
郵便番号 102-0072
電話 03(3221)1321
FAX 03(3262)5906
振替 00120-3-83725

組版 デザイン・編集室エディット
印刷所 平河工業社(本文)
東光印刷所(カバー)
製本所 鶴亀製本
装幀 北田雄一郎

校正協力・高梨恵一
©2021 ITO Kenji / TSUCHIYA Yukimi / TAKEBATA Hiroshi
Printed in Japan ISBN 978-4-7684-3586-1

柴田純一 著
〔増補版〕プロケースワーカー100の心得
福祉事務所・生活保護担当員の現場でしたたかに生き抜く法

毎年、市町村での異動のたびに"貧乏くじ"扱いの生保担当員。憲法で保障された「健康で文化的な最低限度の生活」を支える生活保護の最前線で働く人々の「貧しい」実態を改善する実践的ノウハウと理論。生活保護法改正に合わせた増補版。　1800円+税

高山俊雄 著
50のケースで考える 医療ソーシャルワーカーの心得
時代と向き合う実践記録

何のために医療の場に医療ソーシャルワーカーがいるのか。500床超の大病院で一人でてんてこ舞いした新人時代から40年。ベテランワーカーの経験と知恵を集積させた「ソーシャルワーク原則」が出来上がるまでの50の事例集。新人ワーカー必携。　1800円+税

高山俊雄 編著
現場で磨くケースワークの技
「バイステックの原則」を基に

相談業務の専門職が教科書としてきたバイステックの『ケースワークの原則』を紐解き、医療ソーシャルワーカー・生活保護のケースワーカーが相談対応の在り方を原則に則り具体的に検証。相談業務の新人さんや専門機関以外の人にも参考になる。　2000円+税

東京ソーシャルワーク 編
How to 生活保護〔生活保護法改定対応版〕
2015-16年版 申請・利用の徹底ガイド

2014年7月施行の生活保護法「改正」(申請の様式化、扶養義務の強化、等)に対応した全面改訂版。15年4月(一部7月)改定の新基準(3年連続の生活扶助引き下げ、住宅扶助冬季加算総額引き下げ)、他法・他施策の変更を網羅した最新版。　1000円+税

竹端寛 著
権利擁護が支援を変える
セルフアドボカシーから虐待防止まで

当たり前の生活、権利を奪われてきた精神障害や知的障害のある人の権利擁護をセルフアドボカシー、システムアドボカシー、そして社会福祉実践との関係から構造的に捉え返す。当事者と支援者が「共に考える」関係性構築のための本。　2000円+税

竹端寛 著
「当たり前」をひっくり返す
バザーリア・ニィリエ・フレイレが奏でた「革命」

精神病院をなくしたバザーリア(伊)、入所施設の論理を破壊しノーマライゼーション原理を唱えたニィリエ(瑞)、教育の抑圧性を告発したフレイレ(伯)。動乱の時代に社会に大きな影響を与えた3人を貫く「実践の楽観主義」の今日的意義。　2000円+税

久田恵+花げし舎 編著
100歳時代の新しい介護哲学
介護を仕事にした100人の理由

元芸人、元銀行マン、元ダンサー、元主婦……様々な人生が様々な理由で「介護の仕事」へたどり着く。介護職に出会い、活躍する百人百様のリアルな声を集めた稀有な一冊。現場に生きる草の根の介護職の言葉と、そこに宿る「介護哲学」を紹介。　1800円+税

定価は二〇二三年五月一日現在のものです。